古代歷史文化研究輯刊

二二編

王明蓀 主編

第24冊

閩東傳統民居大木作研究
——以福州地區梧桐村爲實例

黃曉雲 著

國家圖書館出版品預行編目資料

閩東傳統民居大木作研究——以福州地區梧桐村為實例／黃
曉雲 著 — 初版 — 新北市：花木蘭文化事業有限公司，2019
〔民 108〕
目 2+186 面；19×26 公分
（古代歷史文化研究輯刊 二二編：第 24 冊）
ISBN 978-986-485-918-4（精裝）
1. 房屋建築 2. 福建省福州市
618   108011828

古代歷史文化研究輯刊
二二編　第二四冊　　　　　ISBN：978-986-485-918-4

閩東傳統民居大木作研究
——以福州地區梧桐村爲實例

作　　者　黃曉雲
主　　編　王明蓀
總 編 輯　杜潔祥
副總編輯　楊嘉樂
編　　輯　許郁翎、王筑、張雅淋　美術編輯　陳逸婷
出　　版　花木蘭文化事業有限公司
發 行 人　高小娟
聯絡地址　235 新北市中和區中安街七二號十三樓
　　　　　電話：02-2923-1455／傳眞：02-2923-1452
網　　址　http://www.huamulan.tw 信箱 hml 810518@gmail.com
印　　刷　普羅文化出版廣告事業
初　　版　2019 年 9 月
全書字數　15 萬字
定　　價　二二編 25 冊（精裝）台幣 63,000 元

閩東傳統民居大木作研究
——以福州地區梧桐村爲實例

黃曉雲　著

作者簡介

黃曉雲，北京理工大學設計與藝術學院教師。主要研究方向：建築設計及其理論研究，中國
傳統建築研究。1976 年生於福建。1999 年畢業於北京建築工程學院建築學專業。中央美術
學院建築學院碩士、博士。

提　　要

　　本課題通過對閩東傳統民居中典型的古村落——福州市羅源縣飛竹鄉梧桐村的建築進行測
繪，並結合大量其他村落市鎮民居的實地調研；從歷史文獻梳理、實測數據分析兩方面入手，
對閩東民居的大木作做深入研究。在對梧桐古村落的建築本體進行詳實考察基礎之上，將之置
於歷史與地理的座標中觀察研究。一方面研究閩東民居大木作的歷史沿革，發展脈絡，分析中
原文化傳入與建築發展的關係，通過大量的實地調研找到一些有利證據，論證了閩東居民如何
從唐宋與中原相似的形制發展到明清時獨具特色；另一方面進行地域間的比較研究，通過與閩
東地區內部的民居以及其他地域相似民居和不同民居的一系列　比較，發現閩東民居大木作的
真實面貌和獨特之處。

目次

第1章 引 言

1.1 課題背景與相關研究綜述

1.1.1 福建民居的研究現狀

　　近 30 年來，隨著經濟的發展，民居建築的研究重又引起人們的重視。關於福建民居有不少相關論文發表，一些論著陸續出版。最早，王乃香、陳瑜等著《福建民居》於 1987 年出版，作者對福建五十多個市鎮村中的部分民居建築進行考察，以大量詳實的實例對福建民居做了第一次比較全面的論述。1997 年余英的博士論文《中國東南系建築區系類型研究》「通過對東南傳統社會與文化整體的把握，進而以歷史民系地域的角度，把握不同地域性的社會文化特徵，包括地域社會背景、人口遷徙過程、遷徙路線和文化交流等，探討聚落和建築與宗族組織、家族社會之間的互動關係，分析聚居模式、居住模式的類型特徵，並援引區系類型理論，對不同地域的建築模式及衍化予以進一步的比較研究。」〔註1〕閩海系作為東南系重要組成部分，文中也包含福建民居的內容。2003 年陸元鼎教授主編的《中國民居建築》從民系出發，將福建民居分為閩東民居、閩南民居、莆仙民居、閩北民居、閩中民居、客家民居和閩西北民居七種類型（圖 1-1）。後來的研究基本都以此作為分類依據。2009 年，戴志堅著《福建民居》則在陸元鼎的研究基礎之上，內容稍加

〔註 1〕余英著，中國東南系建築區系類型研究〔M〕，北京：中國建築工業出版社，2001，摘要。

充實——新增了十個歷史文化名村資料和一些民居建築的實例。福建民居從建築本體研究——民居的主要功能形態和類型分析開始，逐漸涵蓋了社會、歷史、美學、民俗等方面的更多內容，研究越來越深入。

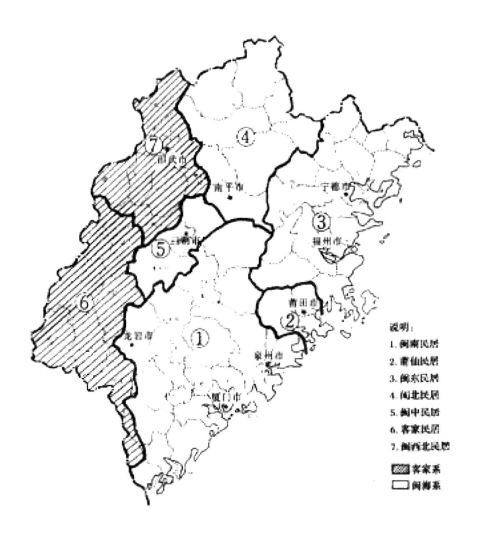

圖 1－1 福建民居分區示意圖

其間，黃漢民於 1994 年出版《福建土樓》，開始研究客家土樓。廈門大學的戴志堅、曹春平對以泉州民居爲代表的閩南民居做了深入研究。清華大學的李秋香教授對連城培田村等五個古村落做了測繪與研究，這五個村落大多位於閩北地區，因此對以書院文化爲代表的閩北民居也做了進一步地研

究。福建民居中，世界文化遺產的客家民居土樓和閩南民居、莆仙民居極富
裝飾的紅磚建築最具特色。因此，福建民居的研究均以這兩類型爲主，輔以
一些規模宏大、富麗堂皇的大型府第。而對閩東民居的研究較爲薄弱。

1.1.2 閩東民居的研究現狀

閩江下游流域以福州爲中心，以福州話交流的這一區域即閩東區域。自
漢代設縣，唐末建立「閩」國，閩東地區一直是全省的政治文化中心。閩東
人家自有筆耕及仕宦之便，受到中原傳統文化影響較大；作爲省會城市，又
有閩江下游肥沃的土地資源，加之悠久的傳統文化底蘊，使閩東民居具有鮮
明的文化特色。閩東民居不像莆仙民居那麼色彩鮮豔、裝飾華麗，而是比較
樸實、淡雅，較少商人味，較多書卷氣。同時閩東民居受南洋的海洋文化影
響也較少，更多中原文化的痕跡。〔註2〕

在福建民居的研究著作中，都有「閩東民居」這一章節，主要介紹一下
福州的「三坊七巷」和以福清阪東鎮「宏琳厝」爲代表的大型宅院。只對這
些規模宏大的府第、宅院做了較詳盡的介紹，而對象梧桐村這種大規模存在
的中型民居則鮮有提及。另外，在現有「閩東民居」的章節中，綜合概述多，
內容大同小異，細緻具體的分析不足。閩東地區坐落在山坳林間、環境優美
和諧、空間布局富有變化的古民居建築聚落的研究非常薄弱，近於空白。

1.2 課題研究動機與目的

福建省福州市羅源縣梧桐村是筆者的家鄉。但是由於父母遷居北京，筆
者很少回家鄉。小時候只有過年才會回到這個山裏小村，成年後因爲祖父母
陸續離世，近二十年沒有再踏上這片土地。三年前返鄉，才發現隱藏在山林
深處的民居如此精美，不僅保存完整而且極具特色。回京後查閱資料，發現
對閩東傳統民居的研究如此之少，因此決定開始此項研究。我想這個課題的
研究動機來源於三個方面——第一是對家鄉的一份感情。清人李光庭在《鄉
言解頤》中告兩兒曰，「生於鄉而不知鄉之俗，昧矣。知鄉之俗而不聞鄉之言，
聾也」。因此希望通過這項研究，能夠對家鄉多一份瞭解；第二是一份好奇心。
筆者有對家鄉的民居有很多疑問，如民間的住宅不能有斗栱，爲什麼閩東民

〔註 2〕黃漢民著，老房子〔M〕，南京：江蘇美術出版社，1996，頁 54。

居多有斗栱？偏遠的蠻荒之地，爲什麼會出現如此精美的建築？閩東民居與中原民居是怎樣的關係等等，希望通過這項研究能夠解決心中的疑問；第三是希望通過這項研究成爲自己研究中國傳統文化的切入點。

福州市羅源縣梧桐村（圖1-2）只有幾十戶人家，幾百人口，是坐落在閩東山區中的普通村落。梧桐村始建於17世紀初，而主要的大厝建於17世紀中至18世紀初，已有兩百多年的歷史。這些大厝多是由前後兩進房與兩側廂房圍合中心天井構成，左右均齊、中軸對稱。正房一層，特別高大，廂房兩層。曲線型月樑線條流暢，層層挑出的插栱簡潔又富有節奏感，再加上精巧的石刻柱礎，達到了結構技術與建築藝術的統一。

圖1-2 梧桐村全景圖

本課題選取福州市羅源縣梧桐村作爲測繪對象，梧桐村規模不大，是以耕讀爲主的普通村落。它既不像一些徽州民居、山西民居中的商業聚落，裝飾華麗繁複；也不像另一些藏於深山的客家民居、四川民居雖樸實簡潔，但稍顯簡陋。林徽音在《清式營造則例》的緒論中曾說過「建築上的美，是不能脫離合理的，有機能的，有作用的結構而獨立。能呈現平穩，舒適，自然的外象；能誠實的袒露內部有機的結構，各部的功能及全部的組織；不事掩飾；不矯揉造作；能自然的發揮其所用材料的本質的特性；只設施雕飾於必須的結構部分，以求更和悅的輪廓，更諧調的色彩；不勉強結構出多餘的裝飾物來增加華麗；不濫用曲線或色彩來求媚於庸俗；這些便是「建築美」所包含的各條件。」〔註3〕梧桐古村落中的建築正是對中國的「建築美」很好的解讀。

梧桐古村的建築是典型的閩東傳統民居，因爲交通不便，商業化程度不

〔註3〕梁思成編，清式營造則例〔M〕，北平：中國營造學社，1934，頁20，緒論。

高、保留完好。由於各種原因，特別是近幾年福建的「村村通」公路的發展，在交通便利和經濟發展的同時，現存的傳統村落以驚人的速度毀壞著。正像有人擔憂的那樣，開展研究工作的時間越晚，留存的實物就越少，研究工作就越困難。比如，梧桐村在 2009 年建設了第一排混凝土的平頂房子，對傳統村落的風貌造成了重大的破壞。但村民們對此渾然不覺，只爲住進現代的房子而欣喜。村裏的年輕人越來越少，很多建築因無人居住而任其傾倒，即便還有人住的房子也會因子孫散居各處，對祖厝的維護缺乏共識，仍居住在祖厝的人也無力維護或整修。因此對古民居進行及時測繪和研究，已經是刻不容緩的事情。

本課題希望通過對梧桐古村落的建築實際測繪；並在這個基礎之上，從歷史文獻梳理、實測數據分析方面入手對閩東傳統民居的大木作做較深入地研究。開展對閩東山區的建築測繪和調查研究，具有重要的理論和現實意義：

（1）對梧桐古村落的建築測繪，收集準確的數據。我們收集了各住宅的開間、進深、柱高等尺寸，天井大小及形制的變化等，這些當地的人們認爲合適的尺寸，可以爲新的住宅設計提供參考。調查是研究的出發點；這些民居的準確數據，可爲專門研究某些問題時提供查閱之便。

（2）梧桐古村落是閩東民居中典型的村落，以此作爲案例，對其深入地研究可以對閩東民居有更全面的認識，是對福建民居研究的重要補充，有助於人們認識閩東建築。該項研究有助於人們對於這項建築文化遺產的瞭解，進而促進對其保護和利用。

1.3　課題研究對象與主要內容

根據李如龍教授對福建方言的研究，福建的方言區域大致可分爲七部分——閩東方言區、閩南方言區、閩中方言區、閩北方言區、閩西北方言區、閩西方言區、莆仙方言區。2003 年，陸元鼎主編的《中國民居建築》將福建民居根據方言區域分爲閩東民居、閩南民居、莆仙民居、閩北民居、閩中民居、客家民居和閩西北民居七種類型。因爲民系——語言——民居類型在福建有著緊密聯繫。陸元鼎在書中清晰闡述了民系——語言——民居類型的演變模式。「即民系劃分的重要條件之一是以語言劃分的，而語言又是區分民居類型的重要條件之一。之所以達成這樣的認識，主要依據是：（1）地域因素。

福建地形複雜，交通不便，人們的交往多限於同一河流或港口，交流必須借助於相同的語言和生活習慣，同一支系具有以上特點。（2）行政區域。福建省的政區從宋代以來比較穩定，保持相對的獨立性。政區的穩定和獨立促成了政區內部語言的交流，同時又造成了不同政區語言的隔閡。③語言因素。往往一座山就可以造成語言的隔閡，而這語言的隔閡限制了文化、技術的交流和發展，也影響到建築風格的交融，民居的形式與類型也截然不同。」〔註4〕本研究基於陸元鼎先生的研究成果，將閩東方言區作爲研究範圍，研究閩東地區的傳統民居。

閩東方言也稱爲「福州方言」，以福州話爲代表。主要分佈於閩東地區的南北兩片（圖1-3），北片包括以福安爲中心的閩東山區各縣，其中有福安、寧德、周寧、壽寧、霞浦、福鼎；南片包括以福州爲中心的閩江下游各縣市，其中有福州、閩侯、長樂、福清、閩清、平潭、永泰、古田、羅源、連江。閩東，以福州市爲中心，是古「十邑」爲核心的區域，自漢代設縣。〔「十邑」指閩國時期909～945年，福州所轄縣份十二個：閩縣、侯官、長樂、福唐（今福清）、連江、永泰、古田、尤溪、寧德、羅源、閩清、長溪（今霞浦）。除長溪、寧德在閩東沿海外，其餘都在閩江下游。這個範圍，除去尤溪縣，便是所通行福州話的「十邑」。〕〔註5〕因此，本課題的研究範圍的地域界定即上面所說的講福州話的南北兩片。

民居，指百姓居住之所，是平民百姓居住的建築。荊其敏、張立安著《中外傳統民居》中談到：民居包含三個因素。「『住』（habitat）是對居住者的容納，也是爲居住者提供生活行爲發生的場所……『屋』（house）是民居包括的實質環境內容，也是房屋的範圍所涉及的內容，如空間的屬性、組合、規模與配製、構造、結構、材料、環境控制及設備、室內家具等，這是居住空間的物的屬性……『居』（dwelling）是居住者生活行爲的領域，包括社會性的非實質環境，屬於居家的範圍，論及居住者日常的與非日常的生活行爲軌跡……」〔註6〕本課題研究範圍是以居住功能爲主的空間，未將橋樑、宮廟等其他類型的建築列入研究對象。因此雖然閩東的「木編拱橋」非常有特色，

〔註4〕陸元鼎主編，中國民居建築〔M〕，廣東：華南理工大學出版社，2003年，頁477。

〔註5〕李如龍著，福建方言〔M〕，福建：福建人民出版社，1997，頁60。

〔註6〕荊其敏、張立安著，中外傳統民居〔M〕，天津：百花文藝出版社，2004，頁3。

但也沒有在論文中提及。

圖 1－3 閩東地區南北片分區示意圖

　　大木作，是指我國傳統木構架的主要結構部分，即木構架的承重部分，由樑、柱、枋、槫（清稱檁）、椽等組成。大木作是木建築比例尺度和形體外觀的重要決定因素。由《考工記》所載「攻木之工七」，可以知道周代木工的分工已經很細，以後各代分工不同。「大木作」這種稱謂，最早來源於《營造

法式》，這部三十六卷的巨著的內容分爲：制度、工限、料例、圖樣四大部分
〔註7〕。每一部分又分爲壕寨、石作、大木作、小木作等十三個工種。宋代房
屋將附屬物平棊、藻井、勾闌、博風等的製作，歸於「小木作」，明清時則歸
於「大木作」。本課題基本依照《營造法式》對「大木作」的定義範圍，未將
房屋的附屬物平棊、藻井、勾闌、博風等列入研究對象。

　　本課題研究內容分爲三個層次：單體研究、類型研究與系統研究。第一
層次單體研究，對梧桐村的幾個典型院落進行建築測繪，收集建築單體準確
的數據。第二層次類型研究，把類型限定在閩東民居這一地域範圍內。第三
層次是系統研究，將閩東民居放到時間、空間兩個系統中進行研究。

1.4 課題研究方法及創新點

1.4.1 課題研究方法

　　本課題研究通過對閩東民居中典型的古村落——福州市羅源縣梧桐村的
建築進行實地測繪；並在這個基礎之上，從歷史文獻梳理、實測數據分析兩
方面入手，對閩東民居的大木作做深入地研究。陳志華先生在《關於建築史
的研究和教學的隨想》中曾說過「我們只能依照個人的主張，從一個個角度，
一個個側面，去接近歷史，實踐著的主張越多，它們的總和便越能把歷史的
豐富性顯示得多一點。」本研究試圖通過對典型案例的深入研究分析，避免
泛泛而談，通過表象追尋本質，使閩東傳統民居建築的研究多一個側面與角
度。

　　本研究並不孤立地研究羅源梧桐古村落的大木作，而是將之置於歷史與
地理的座標中觀察研究。人的生活是在時間和空間兩個緯度中展開的，本項
研究也是從時間和空間兩個軸向上進行。將時間的縱深定義爲 X 軸，研究閩
東民居大木作的歷史沿革，發展脈絡，分析其生成條件。將空間範圍定義爲 Y
軸，進行地域間的比較研究，如與福州的府第進行比較，研究城鄉建築的異
同；與福建其他類型進行比較，研究不同文化間的建築地域差異；甚至可以
把範圍擴大到全國，通過對比發現閩東民居大木作的眞實面貌。而 Z 軸則是
對梧桐古村落的建築本體進行深入翔實地考察研究。因此本項研究採用的整

〔註 7〕陳明達著，營造法式大木作制度研究〔M〕，北京：文物出版社，1993，頁 1。

合性研究方法，把建築放到自然與社會中，作爲一個大的系統來研究。

研究方法以田野調查和文獻研究爲主。

田野調查主要進行了三部分工作。第一是測繪。2011 年暑假，首先對梧桐村的傳統建築進行實地測繪，從梧桐村 10 個年代較久遠的院落中，選擇了 5 個進行了測繪，包括「五魚厝」、「水仙關」、「孔照厝」、「旗杆里」、「祠堂里」。2012 年 9 月，又對羅源縣城後張地區的 5 個院落進行了測繪。第二是考察。閩東地區偏僻的鄉村中保留有大量清代的民居，這些精美的民居長期以來沒有引起重視。筆者走訪考察了閩東十多個坐落於深山中的村落，同時也去看了閩南民居、客家民居、臺灣民居、浙江民居、日本民居。第三是在鄉間走訪時，收集詳盡的資料——查閱縣志、家譜、訪問當地的工匠。

宋以前的建築遺存很少，收集資料是難點。從石塔、畫像磚、明器、石闕中收集資料。主要是查閱《文物》、《考古》等文物研究刊物，利用考古研究成果。在研究過程中做了大量的比較研究。由於比較對象範圍很廣，從各地民居到不同時代民居，個人無法一一實地考察，所以主要是利用前人的研究成果，在文獻基礎之上進行研究。

1.4.2 課題創新點

本研究一方面搜集梧桐村傳統民居詳盡資料，另一方面考察了大量隱於鄉間的閩東民居。在 2010 年的全國第三次文物普查時，因爲閩東地區清代民居數量很多，多只選擇精美的登記在冊。而一些年代更早的民居，因爲較後來晚清的裝飾樸素，而被忽視。本項研究通過實例研究和對比分析，對閩東民居的大木作有較全面的認識，塡補福建民居研究中這一比較薄弱的環節。

從家族淵源順藤摸瓜，通過與中原歷代木構比較分析，嘗試研究閩東木構的歷史起源和發展，研究中原文化傳入與建築發展的關係。閩東居民如何從唐宋與中原相似的形制發展到明清時獨具特色，現有的研究論及此問題都含混模糊。本課題通過大量的實地調研找到一些有利證據，並通過對調研結果的細緻分析，塡補民居發展鏈條中缺失的幾個重要環節。

第 2 章　閩東地區的歷史與自然地理環境

　　研究建築不能孤立地研究建築本體，一定要瞭解其所處的自然地理環境、歷史社會情況。建築文化與該地域的自然地理和歷史社會是緊密相連的。本章簡單介紹一些閩東地區的自然、地理、歷史、社會基本情況，這是閩東民居獨特風格形成的條件。

2.1　自然地理條件 〔註1〕

　　閩東地區位於福建省東北部。本地區包括福州市（地級）、閩侯縣、長樂縣、連江縣、羅源縣、福清市（縣級）、平潭縣、閩清縣、永泰縣、古田縣、屏南縣、福安市（縣級）、寧德市（地級）、壽寧縣、周寧縣、福鼎縣、柘榮縣、霞浦縣等 18 市縣。

　　閩東地區東臨東海，西接閩中山地。本區地勢西高東低，海拔絕大部分在 500 米以下，由山地過渡為高丘、低丘、臺地、平原。地貌類型以丘陵為主，其間雜有山間盆地。平原狹小，主要分佈於濱海狹長地帶和各大河流的下游，其中面積較大的有福州平原、長樂平原、福清平原。河流多為獨流入海，構成平行水系，各大河流的下游，江面寬闊，沿岸有河漫灘和階地發育，河床中多沙洲。海岸線漫長曲折，港灣半島眾多，島嶼棋布，海域遼闊。

〔註 1〕 資料來源 http://www.fjsq.gov.cn/福建省情資料庫——地方志之窗，綜合了《地理志》中閩東沿海區資料、《寧德地區志》、《福州市志》中這三部分資料。

閩東地區屬亞熱帶海洋性季風氣候，溫暖濕潤。冬季短暫且溫暖，夏季長而無酷暑。具有山地氣候、盆谷地氣候等多種氣候特點，春夏雨熱同期，秋冬光溫互利，光能充足，熱量豐富，雨水充沛，四季分明。據資料分析，各地年平均氣溫在 13.4℃～20.2℃ 之間，其中福州地區年平均氣溫爲 19.6℃。最冷月平均氣溫 8.5℃～10℃。各地的年均相對濕度在 78%～83%，山區大於沿海，年內的分佈是 2～6 月逐月增大，7～9 月減小，10 月至次年 2 月最小。各地年降水量在 1400～2100 毫米之間，從山區向沿海遞減。沿海少雨，常有旱情，颱風影響頻繁。沿海和內陸溫差懸殊，氣候類型呈多樣性，高大的山脈對冷暖空氣活動起著阻滯或加強的作用，懸殊的海拔高度造成氣候要素的明顯垂直差異。土壤主要爲紅壤，在山區有紅黃壤，沿海分佈有鹽土，鹽分含量多在 10‰左右。山區紅壤多適於夯實成牆。

2.2 歷史沿革〔註2〕

福建自古至今一直被稱爲「閩」。至遲在十幾萬年前，這裡就有人類生息繁衍。在周朝，今福建省和浙江省南部的少數民族，形成七個大部落，史稱「七閩」。《周禮·夏官·職方氏》曰「辨其邦國、都、鄙、四夷、八蠻、七閩、九貉、五戎、六狄之人民。」。七閩文化與當時的中原文明有一定的交流，曾向周朝進貢，但歷史典籍上對他們的記載極其有限。春秋時代，與「七閩」關係較密切的是浙江的於越族。在越王允常時代，於越族有人進入福建定居。戰國時代，越爲楚所滅，不願臣服於楚的於越貴族和平民向福建遷移。於越首領無諸，相傳是越王句踐的後裔，統一「七閩」，自稱閩越王。原先比較落後的七閩迅速發展成爲百越諸族中最強大的一支。七閩和於越族融合而形成閩越族。

秦統一中國，將全國劃分爲 36 郡，隨後派兵南下平百越。秦兵打到福建，削去無諸王號，置閩中郡，中央政權始達於福建。秦二世時期爆發農民起義，無諸率領閩越軍參加反秦隊伍。後又佐劉邦攻楚，表現得非常勇敢。劉邦登帝位後，無諸成爲西漢王朝首封的少數民族國王。閩越人民參加反秦鬥爭，加速了閩越社會的漢化和封建化進程。無諸復國後，分別在福州和武夷山建

〔註 2〕資料來源 http://www.fjsq.gov.cn/福建省情資料庫——地方志之窗，福建概覽和《福建省志.總概述》。

起完全表現漢代風格的宮殿官署。其中在武夷山的閩越王城是中國南方保存最完整的漢代諸侯王城。漢武帝滅閩越之後，在閩越故地設東冶縣（今福州），隸屬會稽郡。自有文字記載起，福州即是閩越國的中心。閩東和閩北地區是當時經濟較繁榮的地區。秦漢時期，江西設有 12 個縣，而福建僅有 2 個縣，廣東 5 個縣。而到東晉南朝時，江西設有 7 州 34 個縣，而福建僅有 5 州 28 個縣，廣東 20 州 70 個縣。由此可見，秦漢時代閩東還是人口較少的區域。

　　三國時期，福建屬吳，設建安郡。晉、梁時期，建安郡又先後分為晉安、建安、南安三郡。隋代把建安、晉安、南安三郡合併為一，設建安郡。原設置的 15 個縣裁併為四（即閩縣、建安、南安、龍溪）。郡治由建安（建甌）移至閩縣，政治中心又從閩北移回閩東。唐代改建安郡為建州，立閩州都督府，領有閩、建、泉、漳、潮五州。開元十三年（725 年），閩州都督府改稱福州都督府，這是福州名稱出現之始。五代十國時期，福建先後為閩、殷、南唐、吳越各國所據，區劃名稱幾經變遷。後唐長興四年（933 年），王延鈞稱帝，國號大閩，改元龍啟，升福州為長樂府。北宋時期，置福建路。行政區劃為福、建、泉、漳、汀、南劍六州及邵武、興化二軍。南宋孝宗時升建州為建寧府，福建路包括一府五州二軍。元設置福建省，其下管轄福州、泉州等 8 個路。明代置福建布政使司，改路為府。清代以來，仍稱福建省。

　　從人口的增長可以看出福建開發的情況。福建在唐天寶元年（公元 741 年）人口已達 91240 戶、410587 口。到北宋元豐年間（公元 1078 年）比太平興國（公元 976 年），福建除邵武、興化兩州外、其餘六州增長幅度均在 110％以上，而漳、汀二州高達 318％和 119％。所增人口顯然是自北方移民占大多數。安史之亂後，北方漢人南遷持續長達一個半世紀，福建人口的增長又出現一個高峰。南宋紹興三十二年（公元 1162 年），福建戶數和人口分別比元豐初年增長了 33％和 37％，由上述數據可以看出，福建從唐代開始發展，宋代發展速度增快。閩東文化在千百年的積累之後也蓬勃發展，呈現出前所未有的繁榮景象，從福州進士數量的增長情況就可窺見一斑「自徽宗建中靖國元年（1101 年）至宋孝宗淳熙八年（1181 年）的 80 年間，則有 1037 人，是以前 300 多年總和的 3 倍多」〔註3〕。由此可見宋代是閩東地區發展的一段黃金時間。

　　福州作為閩東最重要的城市，福州在福建的地位即可以大致代表閩東的

〔註 3〕程民生著，宋代地域文化〔M〕，河南：河南大學出版社，2005，頁 89。

發展狀況。自唐開元十三年（725 年）定州名爲福州，至今已有 1200 多年的歷史。福州歷來是八閩首府、省會所在地，鴉片戰爭後成爲 5 個通商口岸之一，商品經濟和市民文化發達。

2.3 家庭結構〔註4〕

在封建社會，家庭結構一般都具有完整的血緣系代關係。在多子多福觀念的支配下，一些大家庭往往聚有數十甚至上百人〔註5〕。舊時福建的家庭，戶戶都祈求「五代同堂」、「五世其昌」、「子孫滿堂」、「闔家團聚」的嘉景，以示人丁興旺，家族繁榮。在「多子多福」觀念支配下，一些大家族人數往往有數十人甚至上百人。民國時，永泰縣鶴皋鎮登高山「世科里」張正兄弟 7人，老母在世，四代同堂，家人多時共 36 口，少時也有 29 口。永泰清涼鄉古岸村張興梓一家 54 人，五世同堂。三代共居的家庭更比比皆是，佔了主導地位。一個大家庭中，往往有若干個「子家庭」。

受傳統的禮教影響，家庭中家長（當地稱「當家人」）擁有最高權威，其他成員處於從屬與被支配的地位，家庭一般成員除子女須聽從家長訓教外，還有兄弟須聽長兄的話，姐妹須聽長姊及兄弟的話，所謂「尊卑有序、男女有別」，不能越位。「長兄當父」、「長嫂爲母」也是舊時農村的常規。舊時閩東一帶，主婦在兒子未娶親前是不能直接見客的，出來要用袖子遮顏，直到兒子娶媳婦後才不遮顏。閩東地區與閩南地區不同，如中原地區一樣過著傳統的「男耕女織」的生活，女子不下田做農活，只在家裏操持家務。

隨著社會的進步、觀念的更新，傳統的家庭結構形式和生活方式逐漸被打破。如今，閩東各地清代以前「四世同堂」、「五世同堂」的大家庭已很鮮見。民國以來「三代同堂」的典型家庭也逐漸減少。單一家庭的比例愈來愈大，取代了複合式大家庭的模式。

一個同姓宗族，往往有一族長。族長，亦稱「宗子」。福州俗謂「族長公」。族長具有很大的宗法權力，宗族內部的管理和各項事務的主持一般都由族長擔綱。舊時，一大宗族的分支稱「房」，各房均有房長。他既是本房的代表，

〔註 4〕資料來源 http://www.fjsq.gov.cn/福建省情資料庫——地方志之窗，福建概覽和《福建省志.總概述》。

〔註 5〕林蔚文著，福建民俗〔M〕，甘肅：甘肅人民出版社，2003，頁 48。

又是族長的輔佐。這種家庭士紳與家族長輩的結合，大大加強了族長的權力。他們可以制訂和修改各種家訓族規，並充當族人糾紛案裁判和法官。他們控制著族田和其他共有財產的管理權和分配權，控制著宗族與外部的聯繫。這種大的同姓宗族，對村落的形態和建築的格局都有影響。

2.4 民俗風情〔註6〕

閩東地區民俗文化主體是多源的。主要有四個來源：秦漢以前的原始土著民俗、漢族民俗、少數民族習俗、外國民俗。

毋庸多言，幾千年中原文化的巨大影響，漢族文化習俗佔據主導地位。無論是生產習俗、生活習俗，還是人生禮儀、歲時節慶，以及民間信仰和崇拜等等，都與中國傳統民俗一脈相承。比如傳統家教家規與中原漢族文化無異，包括育德、育才、育美等內容。其核心是育德，貫徹傳統的「忠、孝、節、義」的倫理綱常。以「聽時順天，受分安命」、「靜以修身，儉以養德，入則篤行，出則友賢」為行為指南。舊時閩人的思想和行為規範受理學的影響很深。許多人家還將《朱子家訓》抄錄堂上，以教訓和規範子女的行為。經常見到大宅堂廳上鑴銘「勸學」的家訓。永泰同安鄉同安村張姓人家大厝的堂屋兩廂，至今還懸掛用木匾鑴刻的十六塊「家訓碑」。漢族的審美意識也將對民居產生影響。

漢族民俗固然為閩東民俗的主體，但漢族民俗也融合了其他少數民族的習俗，甚至融合了一些中外民俗。自古以來，這裡宗教信仰特別發達，這與閩越族「信鬼尚巫」的傳統有密切的關係。史稱：「其俗信鬼尚祀，重浮屠之教」〔《宋史》卷89《地理志》〕。志書亦載：「閩俗好巫尚鬼，祠廟寄閭閻山野，在在有之。」〔《八閩通志》卷58《祠廟》〕福建民間所奉祀的神靈十分繁雜，既有閩越族和其他土著民族殘存下來的鬼神，又有從中原傳入的漢民族所奉祀的各種神靈，還有從印度、中東、歐洲等國外傳入的神靈，所以閩東文化又是開放包容的。

〔註6〕資料來源 http://www.fjsq.gov.cn/福建省情資料庫──地方志之窗，福建概覽和《福建省志.民俗志》。

第3章 梧桐村的個案分析

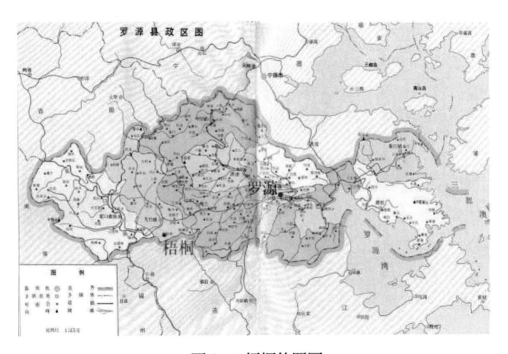

圖3-1 梧桐位置圖

　　梧桐村〔註1〕是福建省羅源縣飛竹鄉的一個自然村,羅源縣位於福州市東北約73公里。梧桐村(位置見圖3-1)位於羅源縣西部,距縣城約30公里。閩東地區就像福建其他地區一樣,村莊多聚族而居,一個村莊經常僅有一姓居民。各個族姓開拓一方,繁衍一方,獨佔一方。由一家一姓定居,繁衍而

──────────

〔註1〕梧桐村包括下梧桐和上梧桐兩部分,本次測繪的對象均選自上梧桐。本文出現的梧桐村均指上梧桐。

成單一村落者極爲普遍。它體現了宗族以血緣和地緣關係爲紐帶的特性〔註2〕。梧桐村是閩東山區中典型的村落，是一個以黃姓爲主的血緣村落。這裡四面環山，村子坐落於一塊山間盆地，南北長約 800 米，東西寬 500 米。梧桐村的村子不大，2011 年根據村委會提供的資料：全村 58 戶，260 人。村子由一棟棟木構大厝組成，規模較大的共計 16 座。

3.1 梧桐村人文歷史

　　根據《羅源縣志》、《羅源黃氏族譜》〔註3〕及民間口傳，這三者記錄的內容大致相符。唐乾寧初，河南固始縣蔭德里人黃敦，黃膺公兩兄弟隨父黃輪，從王審之入閩。黃膺公定居邵武，其次子定居古田瓌溪。再傳八世，即膺公第十二世孫黃執躬，於宋大觀二年（公元 1108 年）自古田縣瓌溪遷居羅源縣城。黃執躬，字體仁，爲宅里黃氏（三黃世家）的始祖。黃執躬有三個兒子：黃槐、黃枟、黃棆，先後登第爲官，時人稱爲「三黃」。其中黃棆最爲著名，他於南宋高宗紹興二十七年（公元 1157 年）中進士，卒後贈少師。黃棆與著名理學家朱熹有過交往。清道光《新修羅源縣志》載：「棆與朱紫陽（朱熹的別號）友善，嘗作共坐小影圖。往來翰墨，『前志』（指清道光《新修羅源縣志》之前的縣志）稱猶有存者，家廟有文公（朱熹謚號）『三黃世家』書額。」《三黃世家宗傳》的序也是由朱熹撰寫，元末焚於戰火；　朱熹親手爲黃家祠堂題寫「三黃世家」的匾額，毀於二十世紀七十年代的「文革」浩劫。

　　梧桐黃氏是「宅里黃」一支。羅源始祖黃執躬第十八代黃能勇來到梧桐村開發。黃能勇在梧桐洋塔壟建厝開基。能勇生五男，長子肇權，次子肇升，三子振學，四子振華，五子振傳。如今，已至廿七代，廿八代。從建村到現在已有三百多年。

　　第十八代黃能勇在梧桐村的南部建厝開基。第十九代中，黃振學這一房繁衍較快，梧桐村現存大部分房屋爲這一房後人所建。黃振學生四男，長子黃良瓊，二子黃良珠，三子黃良奇，四子黃良才。現在村裏還能口傳他們房

〔註 2〕林蔚文著，福建民俗〔M〕，甘肅：甘肅人民出版社，2003，頁 68。
〔註 3〕《羅源黃氏族譜》，三黃世家族譜始修於南宋，相傳朱熹爲之作序，元末焚於戰火。明至清間代有續修，總譜在由梧桐宗親保藏時，於文化大革命「破四舊」時被沒收而遺失，所幸西蘭宗親處收藏的《三黃世家代宗傳》和《三黃譜系》各一冊。2002 年重新編纂。

屋的位置。黃良珠的房子被稱爲「水仙關」；黃良奇的房子被稱爲「八扇厝」；黃良瓊的房子被稱爲「竹欄頭」。但不能確定這些房子是第二十代孫所建，還是後人在房子的位置新建。

　　第二十一代的房子在村中保留最多最好的，很多房子人們仍以當年主人的名字來命名。如上梧桐 11 號被稱爲「孔照厝」，上梧桐 7 號被稱爲「孔恭厝」，從屋裏留下的牌位也能驗證房子的主人爲第二十一代。村民們口傳「河沿房」黃孔友的房子，黃孔光的房子是現在的上梧桐 15 號，黃孔智的房子在「孔照厝」旁邊，後被燒。

　　村裏最精美的房子的主人是第二十三代黃煥章。這之後增蓋加建的房子的規模和精美程度都遠遠低於此前的房子。1949 年建國後，也陸續蓋了一批房子，規模均較小。最令人遺憾的是，2010 年村中蓋了第一排鋼筋水泥的平頂房子。2011 年後又有幾棟平頂房子夾雜在老房子中間。

3.2 梧桐村自然地理環境

　　《羅源黃氏族譜》的原族譜序之一，記載了五代時，由於戰亂連綿遷居古田瓛溪的情況「值國祚之支離，兵戎叛亂，法度不齊，徭役繁冗，移居未定。意乘綿遠之地以爲子孫長久之計。天復三年遷居古田瓛溪，見其勢山明水秀，泉甘土肥，門無車馬之喧，山有樵耕之樂，誠爲美幸，遂居宅焉。況乎縣遠官稀，民淳俗美，以書爲室，以耕爲業，以善爲寶，事師以敬，事親以孝，取友以信，深耕易耨，無失其時。」〔註4〕梧桐村如同古田瓛溪一般山清水淨；四面群山環抱，是一塊山間盆地，有一條小溪穿流而過（見圖 3－2），圖中藍色代表溪流，灰色代表房子，綠色代表山林和田地。梧桐村海拔 385 米。

　　梧桐村最初的聚落的朝向爲坐北朝南，背後有山，前面有溪流。其選址恰好符合中國民居在選址上「負陰抱陽」、「背山面水」的基本原則。建築都是在山腳下，但是依山不靠山。前面有河流，但是傍水不居岸。這樣既可以避免淹澇之災，又能夠充分利用土地資源，將山谷中間大面積的平坦土地作爲耕地使用。隨著人口的增加，規模的擴大。原有的基地不能滿足居住需要，聚落向東南方向的山谷擴張。

〔註 4〕《羅源黃氏族譜》原譜序之一，2002 年重新編纂，頁 32。

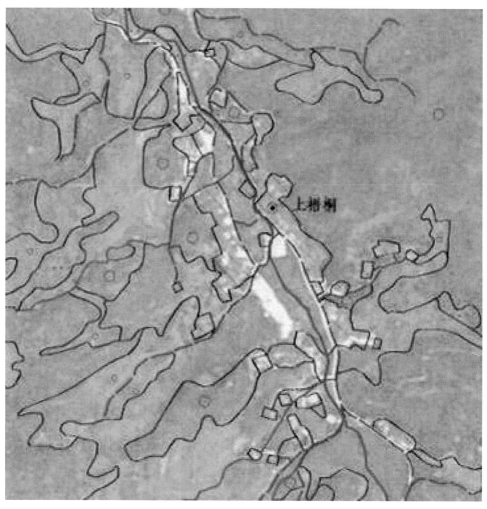

圖 3－2 梧桐村總平面圖

　　梧桐村所有建築都背靠山，前面地勢開闊。朝向由地形決定，大多難以滿足坐北朝南的理想狀態。建築依山而建，處於山腳下，將平坦開闊的土地留給了耕地。在建築與田地之間有一條主路，面朝大路的房子從主路直接進入房子。從主路伸出支路通向後面的房子，所以街巷是丁字行的。整個村落隨地形延展，沒有圍牆等硬性邊界，因此沒有明確的邊界。梧桐村作爲一個自然村，規模較小，村民過著自給自足的小農生活。單元間所構成的聚落形態較鬆散，廣場空間也較少出現，只有在宮廟前有一塊較大場地。宮廟是傳統村落的公共空間，過去是從事家族宣傳、執行族規家法、議事宴飲的地方；現在過年過節時還會請戲班來唱戲。

3.3 梧桐村傳統建築大木作實例研究

3.3.1 祖屋——五魚厝

1）年代考證

根據村裏幾支黃氏後人的一致說法，這座房子是祖屋（圖 3－3），即第十八代孫黃能勇的房子，後由長子——第十九代孫黃肇權繼承。這座房子保留了明末清初的建築形制。《唐會要.輿服志》中「又庶人所造堂舍，不得過三間四架」。閩東其他地區看到的明代民居，規模較小，多遵循此規定。清代的民居，規模較大，形制多有逾越。根據村人的回憶，這座房子沒有柱礎，由此判斷建造年代較早。但是斗栱的樣式又較晚，甚至晚於第二十一代的房子。我猜測可能由於構件損壞後更換。

圖 3－3 五魚厝外觀

2）平面

該宅的房屋（平面圖見圖 3－4）坐北朝南，主體建築是五開間。明間廣 4.14 米，次間廣 2.81 米，梢間廣 3.40 米，通面寬 18.94 米；通進深 9.34 米。房屋格局一字排開，俗稱「一條龍」。最早的建築面闊三間，即「一明兩暗」〔註5〕。明間，當地稱「廳堂」，分為前後廳。前廳堂一層，作為公共空間使用。後廳也是一層，房間正中放置石磨一個。次間，俗稱「廳邊房」。次間分為前後兩間，作為臥室。後又加蓋兩個開間，即形成現在的五開間。在次間

〔註5〕戴志堅著，福建民居〔M〕，北京：中國建築工業出版社，2009，頁178。

和梢間之間，一條走廊通向各個房間。加建部分也是兩層，樓梯設在建築兩側。二層光線較暗，多作為儲藏間使用。有時家裏人口增加，房間不夠用時，也有將二層作為臥室使用。

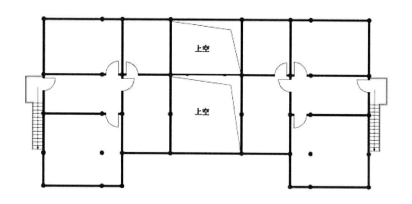

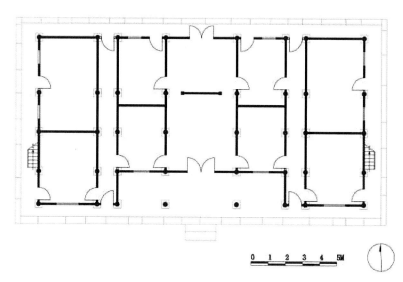

0 1 2 3 4 5M

圖3-4 五魚厝一層平面圖（下），二層平面圖（上）

3）樑架

這座房子最早為五柱三開間（圖3-5）。在進深方向上有落地的柱子5根，簷柱〔註6〕兩根，金柱兩根，中間有中柱一根，兩個落地柱子間各有瓜柱一根，

〔註6〕為了便於閱讀，在論文寫作中，樑架的基本構件名稱仍採用通用名稱，只在第一次出現時注明當地叫法。

只有後簷柱和後金柱之間進深較大，有瓜柱兩根。前廳堂內兩檁間的距離（也就是一個步架）爲 1.1 米左右，前廊的步架長分別長爲 0.93 米、0.92 米。後廳堂的步架不等，靠前的步架長 0.9 米，後面兩步架分別長 1.12 米。在進深方向，兩個金柱之間有樑三道，下面兩道直樑，上面一道月樑。在當地叫法中，從下而上稱爲「一行」、「二行」、「三行」。承重樑的樑端插入柱身，每根柱子上都承托一條檁。既不同於抬樑式的承重樑頂在柱頭，也不同於穿斗式的檁條頂在柱頭，柱間無承重樑、僅有拉接用的穿枋。這種構架在文獻及工藝上無固定名稱，孫大章先生在《中國民居研究》中將其命名爲插樑式構架。在此也借用「插樑架」〔註7〕的名稱。金柱和中柱之間有金瓜柱，前金瓜柱當地稱作「前棟付」，後金瓜柱當地稱作「後棟付」。金瓜柱騎在下面的樑上。在中柱和金瓜柱頂部之間，金瓜柱與金柱頂部之間分別有束木連接，束木沒有承量的作用，只是起到穩定瓜柱的作用。束木上雕刻有流暢的圖形，束尾微微翹起。在中柱和瓜柱頂端都挑出一跳的斗栱，承托上面的檁。中柱頂端（脊檁下），牆上還嵌有木的裝飾，稱爲「棟帽」。在臺灣的民居中也可見到相似裝飾，被稱爲「頭巾」〔註8〕。

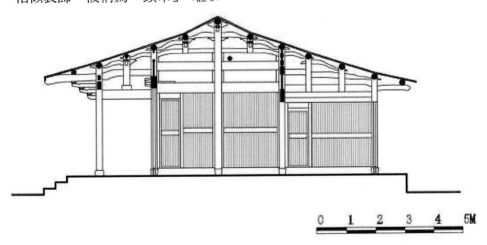

圖 3-5 五魚厝剖面圖

在前簷柱和前金柱之間，有樑兩道，下面一道直樑，上面一道月樑。樑頭插入柱身，上面的月樑穿過簷柱，中間承托簷檁，樑頭支承挑簷木。下面

〔註7〕孫大章著，中國民居研究〔M〕，北京：中國建築工業出版社，2004，頁307
〔註8〕李乾朗著，臺灣古建築圖解事典〔M〕，臺北：遠流出版公司，2003，頁86

樑的中央承托起瓜柱一根，當地稱作「前廊付」。在瓜柱和簷柱、金柱之間也分別有束木連接。從簷柱上挑出三跳華栱，承托上面的樑，增加穩定性。斗栱沒有坐斗，多層栱都是直接由柱身出挑，沒有橫栱，單方向層層迭起。這種斗栱形式在《營造法式》中稱爲偷心造。現在一般把這種斗栱稱爲「插栱」，當地人有時稱其爲「托」、「樑托」。

圖3－6 五魚厝前廳堂構架（左），前廊插栱（右）

在後簷柱和後金柱之間，有直樑兩道，上承托起瓜柱兩根，當地稱作「後廊付」。在瓜柱和簷柱、金柱之間也是分別有束木連接。挑簷直接由樑延長伸出硬挑，沒有插栱。與前簷不同，後簷不加任何雕飾。

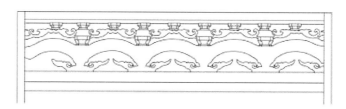

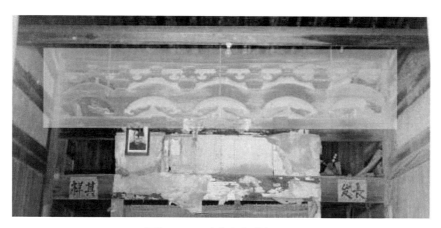

圖3－7 五魚厝看架

在縱向上也是插入柱身的聯繫樑相連，形成構架，當地從下往上稱之為「一眉」、「二眉」。其中比較有特點的是在後金柱之間有壽樑相連。壽樑即後金柱之間的縱向聯繫枋，枋下做內簷裝飾，由於長年無人維修，已毀壞。其上設置祖宗龕。在壽樑和金檁之間，由下而上迭起整排木構，下面是彎枋，上面連栱，每一個栱的形式是「一斗三升」，4 個斗一共托起 9 個升（見圖 3－7）。這既是功能的需要，以樑枋拉緊左右整排木構架；同時這裡是正對大門的視覺中心，所以又是裝飾重點。燈樑是位於中柱後方，二行上方的縱向聯繫枋，年節時在此枋下懸掛燈籠，因此得名。

4）其他

根據村民回憶，這座房子原本沒有柱礎，後在 1963 年改為村裏的食堂時才加上了柱礎。柱礎在當地稱為「柱珠」。

3.3.2 第二十代的房子

第十九代孫黃振學，有四子——黃良瓊、黃良珠、黃良奇、黃良才。現在村裏人口傳第二十代黃良珠的房子是「水仙關」；黃良奇的房子是「八扇厝」；黃良瓊的房子是「竹欄頭」。雖然不能確定這些房子是第二十代孫所建，還是後人在房子的位置新建。但這些房子形制的確比祖屋大，比第二十一代的房子小。門檻磨損的情況也要比第二十一代的房子屬害，所以暫且認為這些房子是第二十代的房子。選擇「水仙關」進行了測繪，有較詳細的數據。

一、水仙關

1）年代考證

上梧桐 44 號「水仙關」（見圖 3－8）被認為是第二十代孫黃良珠的房子。根據《羅源黃氏族譜》，與黃良珠同輩的黃良周，生於康熙丁酉年，卒於乾隆癸卯年。而他們的二伯肇升，生於康熙癸亥年，卒於乾隆丙寅年。但是屋子中有牌位一塊。其供奉的是太高祖政淑公，高祖能勇公，曾祖振學公，祖良輝公和父禮煌公。如果以此推斷此建築的主人應為第二十二代孫。但也有可能是房子易主後，新主人帶來的牌位。因此「水仙關」的建造年代只能存疑。

圖 3－8 水仙關外觀

2）平面

該宅的房屋大門朝向東北（平面圖見圖 3－9）。主體建築即正房，當地稱爲「正落」爲九柱七開間，後加蓋兩排廂房，本地稱爲「書院」。「書院」中離主體建築較近的 3 個開間爲較早加建，而最遠那間則爲二十年前才加建。整座建築爲「U」字形布局。

「正落」，即主體建築，明間廣 4.96 米，次間廣 3.30 米，通面寬 31.46 米；通進深 13.05 米。明間，分爲前後廳，前廳堂一層，作爲公共空間使用。後廳也是一層，是功能性用房。後廳二層有走廊一道，連接兩側次間的房間。次間分爲前後三間，前面兩間當地人稱爲「廳邊房」，作爲臥室。最後一間，稱爲「後房」，多作爲廚房使用。在次間和梢間之間有走廊。梢間，當地人稱爲「六扇房」。最外側的房間當地人稱爲「八扇房」或者「撇捨」。這兩開間，根據居住人口的變化分隔較自由。除前廳堂外，其餘房間均爲兩層。二層的房間光線較暗，多作爲儲藏間使用。

廂房，當地人稱爲「書院」。「書院」分爲前後兩間，前後均開門。每個開間廣 3 米左右，通進深 8.7 米。「書院」兩層，一層光線較好，二層沒有外窗。一層分成幾戶使用，二層作爲儲藏間使用。

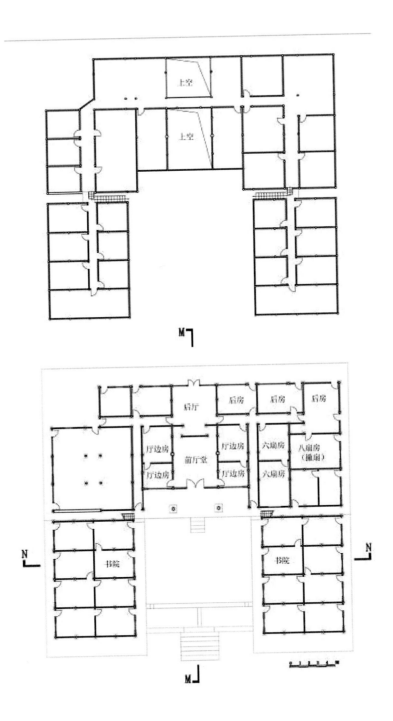

圖 3－9 水仙關一層平面圖（下），二層平面圖（上）

3）樑架

「正落」的樑架也爲「插樑式」。正房在進深方向上有落地的柱子9根，兩個落地柱子間各有瓜柱一至兩根，組成屋面的每一檁條下皆有一柱，包括前簷柱、後簷柱，前金柱、後金柱，中柱和瓜柱。前廳堂的進深比「五魚厝」大，但形制類似。前廳堂內步架長爲0.9米左右，前廊的步架長爲0.75米左右。前面簷步的步架長爲1.05米，後廳的步架較長，爲1.1米左右，後面簷步的步架長爲0.97米。前廳幾根落地的柱子之間有樑三道，下面兩道直樑，上面一道月樑。承重樑的樑端插入柱身。瓜柱騎在下面的樑上，柱間有束木連接。在中柱和金瓜柱頂端都挑出一跳的斗栱，承托上面的檁。中柱頂端牆上嵌有木的裝飾，裝飾較簡潔。在前簷柱和前金柱之間，有樑兩道（圖3-10），下面一道直樑，上面一道月樑。樑插入前簷柱的柱身，上面的月樑穿過簷柱，承托簷檁，增大挑簷。從簷柱上挑出四跳的「插栱」，承托上面的樑，增加穩定性。下面的直樑承托起瓜柱兩根，瓜柱裝飾精美，立於樑之上，上面承托楹樑，「楹樑」上是弧線型的羅鍋椽。前廊的屋頂爲了美觀有兩層椽子，即像《營造法原》中介紹的草架做法。

圖3-10 前廊構架

圖 3－11 後廳樑架

圖 3－12 前廳堂構架

　　後廳的樑架更似「穿斗式」構造中的「跑馬瓜」〔註9〕（圖 3－11）。每一根柱子上承托一根檁。但柱子沒有全部落地，一部分柱子縮短，成為不落

〔註9〕孫大章著，中國民居研究〔M〕，北京：中國建築工業出版社，2004，頁306。

地的瓜柱，瓜柱下方騎在最下面的樑上。瓜柱底下的高度位置不一致。柱與柱之間都分別有束木連接。挑簷直接由樑延長伸出硬挑，沒有插栱。與五魚厝一樣，後簷不加任何雕飾。

在縱向上也是插入柱身的聯繫樑相連，形成構架。在明間，中柱兩側的兩根落地柱縱向間有木構架聯繫。前方橫向聯繫兩根柱子有三道枋，稱爲「前看架」。後方聯繫兩根後金柱之間的聯繫枋——壽樑，枋下做內簷裝飾，是當地典型的福壽門。福壽門兩側的壽樑下設置祖宗龕。在壽樑和金檩之間，由下而上迭起整排木構，稱爲「後看架」。下面是彎枋，上面承托栱，栱的形制爲一斗三升，沒有做成連栱。燈樑位於中柱後方，「二行」間的縱向聯繫枋。

「書院」的樑架除了山牆外，都藏在儲藏間中，所以沒有多餘裝飾，只是功能性的構架，類似「跑馬瓜」。只是柱子頂端的聯繫枋是曲線形。前廊的挑簷較大，所以從簷柱伸出三跳「插栱」承托簷檩，第三跳延長，端頭直接承托挑簷木（圖3-13）。「插栱」功能合理，形式舒展優美。

圖3-13 書院的插栱

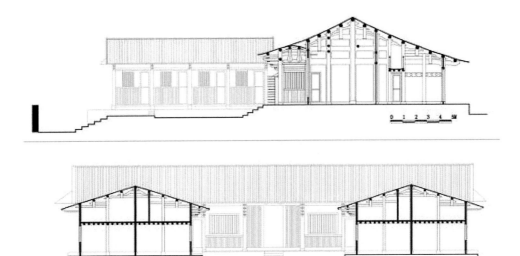

圖 3－14 水仙關 M-M 剖面圖（上），N-N 剖面圖（下）

4）其他

正房的屋頂爲歇山頂。其頂面向兩側傾斜呈人形，故福州俗語稱爲「人字撇」。歇山式屋頂上覆黑瓦。

二、八扇厝

上梧桐 41 號「八扇厝」（圖 3－15，16，17，18）被認爲是第二十代孫黃良奇的房子，是第二十代中規模最大的一個大厝。原有兩進院子，前面一進房屋已毀。現在只剩下第二進院子的「正落」和「書院」。「八扇厝」的正落與「水仙關」的正落構架形式一樣，只是「八扇厝」裝飾更爲精美。在樑頭、樑墊處都有雕花。前簷的插栱的第四跳上承托一塊雕花木板，像北方房子的雀替（3－18 右），增強插栱的穩定性。

圖 3－15 從天井看「正落」（左），從天井看入口（右）

　　中柱兩側的兩根落地柱縱向間有木構架聯繫。前方縱向聯繫兩根柱子有兩道直枋，即廳堂前看架（圖 3－17），中間是一道彎枋，上面承托一斗三升（圖 3－17）。後方聯繫兩根柱子之間的聯繫枋與「水仙關」基本一樣，只是一斗三升是連栱形式（3－16 右）。

圖 3－16 廳堂構架（左），廳堂後看架（右）

圖 3－17 廳堂前看架

圖 3－18 前廊構架（左），前廊插栱（右）

三、竹欄頭

　　「竹欄頭」（圖 3－19，20）被認爲是第二十代孫黃良瓊的房子。這座房

子因爲少有人住，較爲破敗。房子的一面山牆已經倒塌，裏面的木構架全部露出來。「竹欄頭」構架與「五魚厝」類似。前廊構架稍有不同。「五魚厝」的前廊兩道樑均爲「扁作」，即用方料者，而「竹欄頭」的前廊構架全部爲「圓作」。「扁作」與「圓作」是《營造法原》中的名稱，根據用料的斷面形式來命名。扁作「即用扁方料者」〔註10〕；圓作「即用圓料者」。文中借用了「扁作」與「圓作」的名稱。插栱的形式也略有不同，「五魚厝」前廊下面的直樑伸出簷柱外成爲插栱的第一跳，而「竹欄頭」的直樑則成爲插栱的第二跳，同時在簷柱向裏的方向，直樑下有一支單栱（圖3－20左）「竹欄頭」廳堂內的看架是梧桐村最特別的，其「一斗三升」的斗栱沒有做成連栱，是單支的，斗栱上的斗爲方形（圖3－20右）。

圖3－19「竹欄頭」前廳堂構架

圖3－20 前廊構架（左），前廳堂看架（右）

3.3.3 第二十一代的房子

村裏大量保留完好的院落，多爲二十一代的房子。如孔照厝、孔恭厝，河沿厝（孔友的房子）。村中流傳這幾座房子建造時分地的小故事，由此推斷

〔註10〕姚承祖著，劉敦楨校閱，營造法原〔M〕，北京：建築工程出版社，1959，頁32。

孔照厝、孔恭厝，河沿厝（孔友的房子）和被燒毀的孔智厝應是同一時期建造。選擇孔照厝進行了測繪，有較詳細的數據。

一、孔照厝

1）年代考證

上梧桐 11 號，名爲「孔照厝」（圖 3－21），是第二十一代的典型房子。房子裏有牌位一塊。其供奉的太高祖乾商公，高祖政淑公，曾祖能勇公，祖振學和父良才。良才是第二十代，由此也驗證了房子的主人確爲二十一代。根據《羅源黃氏族譜》，與孔照、孔友、孔恭較近的孔曰公，生於雍正辛酉年，卒於乾隆甲寅年。而他們的父親，良才公，生於雍正乙巳年，卒於乾隆戊申年。由此可知，第二十一代的房子建於乾隆年間，乾隆年號開始於 1736 年，結束在 1796 年。由此推斷「孔照房」大約建於十八世紀中期，距今約 250 年。

圖 3－21 孔照厝外觀

2）平面

該宅的房屋大門朝向西南（圖 3－22）。由前後兩進房——「正落」和「前照」，加上兩側的「書院」圍合中心天井構成，左右均齊、中軸對稱。天井周圍有廊子相連。

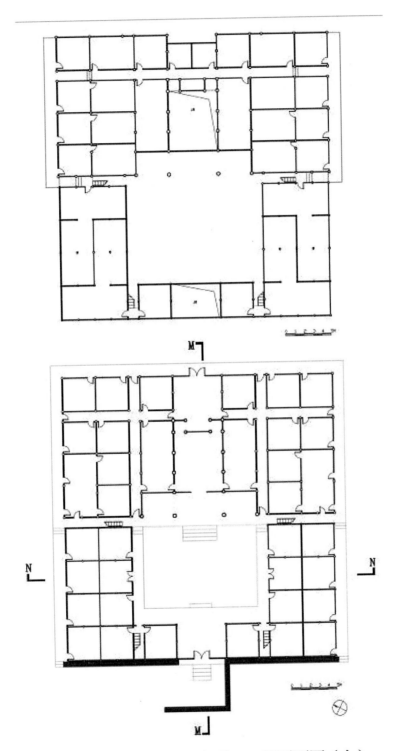

圖 3－22 一層平面圖（下），二層平面圖（上）

　　主體建築，即「正落」爲七開間。明間廣 5.42 米，次間廣 3.60 米，通面寬 29.53 米；通進深 14.85 米。明間，分爲前後廳，前廳堂一層，作爲公共空間使用。後廳兩層，一層房間正中放置石磨一個，是功能性用房，二層作爲儲藏間。兩側的幾個開間均爲兩層，平面布局與「水仙閣」相同。主要的生活空間在一層；二層房間光線較暗，多作爲儲藏間使用。後來人口增加，將屋頂的形式改爲歇山頂後，二層梢間外側有窗，才開始作爲生活空間使用。

　　「書院」爲三開間。間廣均爲 3.50 米，通面寬 10.50 米；通進深 7.2 米。「書院」的格局比「水仙閣」完整。「書院」分爲前後兩間，前後均開門。「書院」朝向院內的中間房間的門爲兩扇，開在正中，這個房間作爲廳來使用，稱作「書院廳」。「書院」也是兩層，一層的房間地位雖然比廳邊房低，但採光好，是整個大厝中光線最好的房間，供日常起居使用；二層沒有外窗，層高較低，作爲儲藏間使用。

　　前照房爲七開間。明間廣 5.46 米，次間廣 3.51 米，通面寬 29.34 米；通進深 3.64 米。中間有前照廳一個。除前照廳外，其他房間是兩層，一層供日常起居使用；二層沒有外窗，作爲儲藏間使用。樓梯在次間外側，與書院的前廊相對。前照房外側是夯土牆。在正門外原有一座亭子，文革中被拆毀。

3）樑架

　　這座房子的正落（橫剖面圖見圖 3－23）在進深方向上有落地的柱子 9 根，兩個落地柱子間各有瓜柱一至兩根，組成屋面的每一檁下皆有一柱。前廳堂的每個步架尺寸相同，爲 1.055 米，前廊的步架長爲 0.8 米左右。後廳的步架長不等，前面兩步架長爲 1.2 米，後面步架長 0.8 米～0.9 米之間。

　　前廳的兩根落地的柱子之間有樑三道，下面兩道直樑，上面一道月樑。承重樑的樑端插入柱身。瓜柱騎在下面的樑上，柱間有束木連接。在中柱和金瓜柱頂端都挑出一跳的斗栱，承托上面的檁。中柱頂端牆上還嵌有木的裝飾，裝飾較爲簡潔。在前簷柱和前金柱之間，有樑兩道，下面一道直樑，上面一道月樑。樑頭插入前簷柱的柱身。下面樑承托起瓜柱兩根，瓜柱裝飾精美，立於樑之上，與「水仙閣」一樣，上面承托楹樑，「楹樑」承托的是弧線型的椽子。上面的月樑穿過簷柱，承托簷檁；其下是從簷柱上挑出四跳的「插栱」，與「八扇厝」相同，檁下有一塊雕花木板，像北方房子的雀替，增強插栱的穩定性。在後廳的樑架也是「跑馬瓜」的形式。瓜柱下方騎在最下面的樑上，瓜柱底下的高度位置不一致，柱與柱之間都分別有束木連接。後簷挑

簷直接由樑延長伸出硬挑，沒有插栱不加任何雕飾。

圖 3－23 M-M 剖面

　　在縱向上也是插入柱身的聯繫樑相連，形成構架。在明間，中柱兩側的兩根落地柱橫向間有木構架聯繫。前方橫向聯繫兩根柱子有三道枋子（圖 3－24 右），上下兩道為直枋，中間一道彎枋，上承托「一斗三升」。後方聯繫兩根後金柱之間的聯繫枋──壽樑，枋下做內簷裝飾，與「水仙關」類似。只是栱的形制不一樣，有的是獨立的一斗三升，有的做成連栱（圖 3－24 左）。

圖 3－24 廳堂後看架（左），廳堂前看架（右）

　　這座房子的前照房在進深方向上有落地的柱子 3 根，兩個落地柱子間各有瓜柱一根，組成屋面的每一檁下皆有一柱，包括前簷柱、後簷柱、中柱和瓜柱。步架長度相等（包括簷步），均為 0.91 米。兩個簷柱之間有樑兩道，承重樑的樑端插入柱身。瓜柱騎在上面的樑上，柱間有束木連接。從簷柱上挑出三跳的「插栱」，承托上面從簷柱伸出上面的直樑，直樑上承托簷檁。

　　「書院」建築是「穿斗式」結構（圖 3－25），沒有多餘裝飾，只是功能性的構架。步架長度相等均為 0.90 米，簷步的長度稍短，為 0.75 米。柱子頂

端的聯繫枋是曲線形。前簷的挑簷較大，從簷柱伸出四跳「插栱」，承托從簷柱伸出的樑，上面承托簷檁。後簷與「水仙關」的前簷類似，從簷柱伸出三跳「插栱」，第三跳延長直接承托挑簷木。樑頭有木刻裝飾。

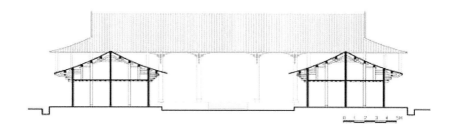

圖 3－25 N-N 剖面

4）其他

正落的屋頂，原來是與旁邊的「孔恭厝」一樣的懸山頂，幾十年前改成現在的歇山頂。

二、孔恭厝

上梧桐 7 號被稱爲「孔恭厝」（圖 3－26，27，28），房子的主人爲第二十一代黃孔恭。「孔恭厝」原有形制與「孔照厝」類似，只是廳稍小，木構裝飾稍樸素。幾十年前加建橫厝。當年加建橫厝時，因爲場地不夠大，曾將「孔恭厝」整座房子平移。

圖 3－26 孔恭厝外觀

圖 3－27 孔恭厝廳堂構架

圖 3－28 孔恭厝前廊構架

三、河沿厝

村民們口傳「河沿厝」（圖 3－29）是第二十一代黃孔友的房子。「河沿厝」不是合院形式，是一字形格局。房子的構架與「孔照厝」類似，木構裝飾稍樸素。

圖 3－29 河沿厝外觀（左），河沿厝前廊（右）

3.3.4 第二十三代的房子——旗杆里＋祠堂里

1）年代考證

旗杆里和祠堂里現在是完全獨立的兩個院落，是梧桐村裏最精美的房子。這兩個院落緊鄰在一起，最初是一戶，房子的主人是第二十三代孫黃煥章。根據《羅源黃氏族譜》，黃煥章生於道光庚寅年，卒於光緒戊子年。由此推斷，此房建於十九世紀，距今約 200 年。這座精美的院落，後被貢生黃紹通買走，進行了一些改建。比如旗杆里最後一進的正房，是黃重德出生年改建，查閱《羅源黃氏族譜》，由他出生於 1923 年可推斷，最後一進的正房修於 1923 年，主要的材料還是用原木構。旗杆里最後一進的東側房於 1948 年改建，將原有的一層房子拆除，新建二層建築。

2）平面

該宅正門朝東北（見圖 3－30、31），整體布局爲兩列三進。每進院子均有牆分隔，廳前爲天井。整個大厝隨著地形布置，一進院子比一進院子高。正座大門前有一片高於道路的小場地，門前左右保留有過去中舉而立的旗杆碣——即旗杆的石頭底座，旗杆碣是我國古代用以體現取得科舉功名的一種形式，只有讀書中舉，才有資格享此殊榮，因此正座這一列房子當地人稱爲「旗杆里」。西側的這一列房子，解放前曾作爲祠堂使用，因此現在仍被稱爲「祠堂里」。

圖 3－30 一層平面圖

　　「旗杆里」包括前後兩個院落。前院是完整的四合院，寬 19.7 米，進深
14.5 米。大門口有門廊，中間的房子稱爲「正落」，五柱五開間，中間爲廳。
明間廣 2.20 米，次間廣 1.30 米，通面寬 17.00 米；通進深 6.26 米。「書院」
左右各有兩間。間廣分別爲 4.2 和 2.56 米，進深 4.08 米。「正落」的房子和後
面厚厚的圍牆間有一個小院，小院進深 6 米，據說當年這裡有假山遊魚。小
院東側的房子已毀壞。後一進院子的正房，當地稱爲「後落」，七柱七開間。
明間廣 5.00 米，次間廣 3.40 米，通面寬 27.50 米；通進深 12.55 米。除前廳
堂外，其他房間均爲二層。這一進院子西側的「書院」爲舊制，三開間，單
層，中間的房間作爲「書院廳」；東側的「書院」1948 年改爲二層。「後落」
後面仍有一個庭院，當年與「祠堂里」的最後庭院相連，作爲後花園。

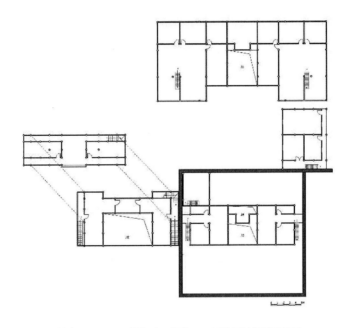

圖 3－31 二層平面圖，三層局部平面圖

　　「祠堂里」包括前後兩個院落。現只保留前面院落的房子，後一院落的
房子已經不存在。前院是完整的四合院，寬 18.8 米，進深 15.9 米。大門口也
有門廊，這是這座宅院拆成兩家後加建的。兩側「書院」建築毀壞嚴重，「書
院」左右各有兩間，面寬 4.27 米，進深 3.04 米。現作爲開敞空間使用，但能
看到當時裝門的痕跡。「正落」的房子是梧桐村最複雜的，七柱五開間，三層。
明間廣 4.00 米，次間廣 2.00 米，梢間廣 3.00 米，通面寬 14.00 米；通進深 10.51

米。中間明間、次間前面 3 個進深的空間，中間沒有柱子，作爲廳堂使用。梢間隔成幾個房間使用。樓梯設在梢間與圍牆之間的空間，很好地利用了空間。二層空間較暗，三層當年是小姐的閨房，南北均有窗戶，採光很好。

3）樑架

「旗杆里」最後一進院子的「後落」是九柱七開間。九根落地的柱子間各有瓜柱一至兩根，組成屋面的每一檁條下皆有一柱。前廳堂內中間四個步架長相等，爲 1.05 米，前面兩個步架長爲 0.75 米。後廳的步架較大，在 1.1 米——1.2 米之間，前簷的步架長 0.95 米，後簷的步架長 0.75 米。前廳堂的柱之間有樑三道，下面兩道直樑，上面一道月樑。承重樑的樑端插入柱身。瓜柱騎在下面的樑上，柱間有束木連接。在中柱和金瓜柱頂端都挑出一跳的斗栱，承托上面的檁。中柱頂端牆上還嵌有木的裝飾，裝飾較爲簡潔。（見圖 3－32 左）

圖 3－32 旗杆里前廳堂構架（左），前廊構架（右）

在前簷柱和前金柱之間，有直樑兩道。樑端插入柱身，上面的直樑穿過簷柱，承托簷檁，增大挑簷。從簷柱上挑出四跳的「插栱」，其中第三跳的華栱也是直樑伸出簷柱。下面樑承托起瓜柱兩根，上面承托楹樑，「楹樑」承托的是弧線型的椽子（見圖 3－32 右）。在縱向上也是插入柱身的聯繫樑相連，形成構架。「旗杆厝」的縱向構架與「孔照厝」相似。前方聯繫兩根柱子有三道枋子，上下兩道爲直枋，中間一道彎枋，上承托「一斗三升」，「一斗三升」沒有做成連栱形式。後方聯繫兩根後金柱之間的聯繫枋——壽樑，枋下做內簷裝飾。在壽樑和金檁之間，由下而上迭起整排木構，下面是彎枋，上面承托栱，栱的形制是一斗三升，有的「一斗三升」是獨立的，有的做成連栱。

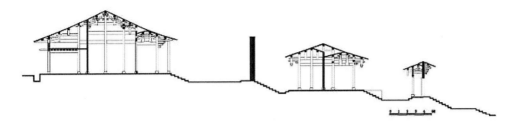

圖 3－33 旗杆里剖面圖

　　「旗杆里」前一進院子的「正落」的構架比較特殊，明間有草架和正架兩層結構。前面是「楹樑」承托的是弧線型的椽子。挑簷的方式也比較特殊，兩層直樑穿出簷柱後，用垂蓮柱固定，垂蓮柱的柱頭有雕刻精美。直樑下面有一跳單栱加強聯繫。縱向聯繫兩根柱子有三道枋子。上下兩道為直枋，中間一道彎枋，上承托「一斗三升」，「一斗三升」沒有做成連栱形式，斗栱上有裝飾，栱上有雕刻（圖 3－34 右）。

　　門口的簷樓（圖 3－34 左），在進深方向上有落地的柱子 1 根與牆一起承重。從牆上直接挑出五跳的「插栱」，承托上面的簷檁。這是閩東常見的門口形式，層層出挑的插栱與厚重的牆形成鮮明的對比。

圖 3－34 旗杆里外觀（左），旗杆里從第一進院子向裏看（右）

　　「祠堂里」中「正落」三層（圖 3－35），一層廳堂採用草架和正架兩個層次。三層搭建在一層廳堂的後方，因為有精美的正架，所以二層和三層的木樓板的構架在一層看不到。

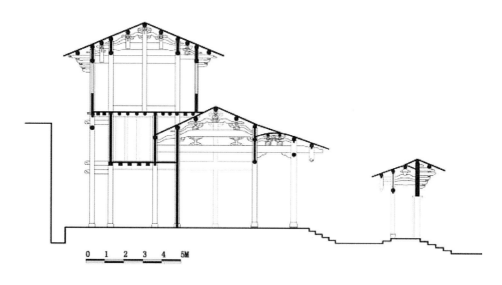

圖3-35「祠堂里」剖面

　　一層前廳堂在3開間3進深的範圍內,爲了得到開敞的大空間,內部的4根柱子全部減去。明間的兩個樑架與其他間的樑架不同。明間的樑架(圖3-36左),最下面的一道樑看上去類似於北方「抬樑式」的五架樑和抱頭樑連在一起,但樑頭插入兩側的柱身。還有一點不同,將瓜柱換成了雕刻了精美花紋的斗栱。每條檁下雖然沒有瓜柱,但仍用束木連接。前廊也是草架和正架兩個層次,用「楹樑」承托弧線型的椽子(圖3-36右)。前廊的挑簷和「旗杆里」的「正落」一樣用了垂蓮柱,垂蓮柱的柱頭有鏤空雕刻,非常精美。前廳堂和前廊的束木,樑頭、斗栱上都有雕刻裝飾。一層除明間外,其他間的構架則使用瓜柱,與梧桐村其他房子類似(圖3-37左)。

圖3-36 一層廳堂明間構架(左),前廊明間構架(右)

圖 3－37 一層廳堂次間構架（左），一層廳堂前看架（右）

在縱向上也是插入柱身的聯繫樑相連，形成構架。在明間，前方縱向聯繫金柱的有三道枋子（圖 3－37 右）。上下兩道為直枋，中間一道彎枋，上承托「一斗三升」，「一斗三升」做成連栱形式。枋子均為圓作，近似於用原木直接搭建。後方聯繫後金柱之間的聯繫枋——壽樑，枋下做內簷裝飾，是當地典型的福壽門。樑上是彎枋承托「一斗三升」，「一斗三升」已經很纖細，裝飾為主要功能（圖 3－38 左）。

圖 3－38 一層廳堂看架（左），三層斗栱（右）

「正落」的三層屋頂則是最典型的木構架。在進深方向上有落地的柱子 5 根，兩根落地柱子間各有瓜柱一根，兩根簷柱之間有樑兩道，下面一道直樑，上面一道月樑。承重樑的樑端插入柱身。瓜柱騎在上面的樑上，柱間有束木連接（圖 3－39 左）。在中柱和金瓜柱頂端都挑出一跳的斗栱，承托上面的檁。從簷柱上挑出三跳的「插栱」，承托上面的「二行」，「二行」的頂端承托簷檁。在明間，金柱縱向有木構架聯繫。木構件的尺寸小於「孔照厝」，但裝飾更精美（圖 3－39 右）。在前金柱與前簷柱之間，用斗栱代替瓜柱（圖 3－38 右）

圖 3－39 三層木構架

　　這座房子大門口也有簷樓一座（見圖 3－40），形制與「祠堂里」的簷樓相似。在進深方向上有落地的柱子 1 根與牆共同承重。從院牆上挑出四跳的「插栱」，承托簷檁，而向內側庭院的挑簷也是使用垂蓮柱。不同之處是「祠堂里」用斗栱代替瓜柱。

圖 3－40 門口簷樓

3.3.5 民國的房子——洪堂洋

第二十一代後，除了黃煥章的大厝，村裏建的房子規模形制都較小。我想這是由於兩方面原因造成。一是中國連年的戰亂，這個偏遠山村也不能幸免。二是因為家庭模式發生變化，少有清代那樣的大家族一起生活。因此後來在民國年間和建國後建的房子，規模明顯小於前面的清代的房子。下面介紹其中普通的一座「洪堂洋」。

1）年代考證

這座房子建於 1946 年，因為房主生於建房當年，所以可以得出準確的建造時間。這樣一座小規模的房子，當年是三姓合建，主要的大木構架是利用老房的原有材料。

圖 3－41 洪堂洋外觀

2）平面

該宅的房屋大門朝向東南，整座建築「L」形布局。主體建築是五開間，空間布局與前面介紹的房子類似。明間，當地稱「廳堂」，分為前後廳。前廳一層，作為公共空間使用。後廳及其他房間兩層。一層是功能性用房；二層作為儲藏間。

3）樑架

這座房子的樑架為「插樑式」。正房在進深方向上有落地的柱子 7 根，兩個落地柱子間各有瓜柱一至兩根，組成屋面的每一檁條下皆有一柱，包括前簷柱、後簷柱，前金柱、後金柱，中柱和瓜柱。廳堂橫向有樑三道，下面兩道直樑，上

面一道月樑。承重樑的樑端插入柱身。瓜柱騎在下面的樑上，柱間有束木連接。在中柱和金瓜柱頂端都挑出一跳的斗栱，承托上面的檁（見圖3－42）。

圖3－42 廳堂構架

在縱向上也是插入柱身的聯繫樑相連，形成構架。在明間，中柱兩側的兩根落地柱橫向間有木構架聯繫。前方橫向聯繫兩根柱子有三道枋子。後方聯繫兩根落地柱之間的聯繫枋——壽樑，枋下做內簷裝飾，是當地典型的福壽門。由於層高較低，枋上即爲檁（見圖3－42右）。

比較特別的是前面廊子構架：在前簷柱和前金柱之間，有樑兩道，均爲直樑，上面樑的端部彎曲向下插入前簷柱的柱身，上面的樑穿過簷柱，承托簷檁，從簷柱上挑出「插栱」比較少見（見圖3－43左），設計巧妙。前廊的構架和「五魚厝」一樣沒有弧線型的羅鍋椽，只有一層椽子。插栱的斗均爲方形，不似其他晚期的房子是圓形。我猜想是有的利用老構件，有的則是爲了形式統一而模仿。後面的挑簷做法也較特別，也是直接利用由樑延長伸出承托簷檁（見圖3－43右）。

圖3－43 前簷構架（左），後簷構架（右）

3.4 其他

3.4.1 建築材料

一、木構架

在中國南方 10 省中，福建杉木生長最快，20 年左右便能成材。福建杉木資源豐富。根據 1973 年普查資料，福建杉木成熟林每畝蓄積量為 12.9 立方米。閩西北的建溪、富屯溪和沙溪谷地，氣候暖濕，陽光不太強烈，風力較小，十分有利杉木生長，是福建杉木的主要產區。梧桐村的老房子的大木構架均選用杉木。

二、牆

1）木板壁

木板壁也是多用杉木，不飾油漆，古樸自然。每到過年過節，家家戶戶都會把杉木的牆壁刷洗得乾乾淨淨，很清爽。

2）竹編壁

竹編壁主要用在廂房的門窗上部和一部分室內的隔牆。竹編壁是用竹篾條編成「壁」，壁的兩邊抹上泥土，再作粉刷。

3）其他牆

圍牆和院牆用材豐富。主要建造材料有三種：一是夯土；一是磚；最後是石材。當地的土是紅土壤，很適合夯築，挖起來便能用，不必摻料可製成三合土。磚牆則是特製青磚砌成。很多牆都是幾種材料結合，由石、磚、土組成，先在底層用石作牆腳，再砌磚身，一順一丁交替砌置，砌成磚牆後再在其上夯一段土牆。有的圍牆做成花牆形式的，用特製青磚砌成花樣。

3.4.2 平面布局

平面布局有一字形、「L」形、「U」形、口字形，根據地形和主人的需要自由布置，十分靈活。建築開間、進深、柱高都各不相同，由工匠按照實際需要「隨宜加減」。

3.4.3 木構裝飾

從梧桐村建築木構裝飾來看，房屋較早的，建築較質樸。隨著時間推移，房屋高度增高，房屋的面積加大，而木構裝飾也由簡向繁發展。最初「五魚厝」僅樑頭有裝飾；到二十一代的房子羅鍋椽、插栱的斗和栱都出現了雕飾；

到二十三代的房子時，雕飾由淺變深，甚至出現了鏤空雕刻，雕飾也更爲繁複。民國和建國後的房子，則基本回歸到二十代的房子的裝飾程度，這可能是受到經濟條件限制所致，裝飾較爲粗獷草率。

3.4.4 屋頂剖面的斜率

從明代開始屋頂剖面的設計方法發生變化。「舉折爲宋《營造法式》用語，舉架爲清《工部工程做法》用語，由於舉折是先定舉高而後做折法，舉架是先做折法而後得出舉高的，故舉折之法的整個屋蓋高跨比常呈現整數比；舉架之法則反之，整個屋蓋的高跨比不是整數比，二個架椽的斜率則常常是整數倍（有時是整數加 0.5 之比）」〔註11〕。而從梧桐村的木匠那裡獲知的屋頂剖面的斜率則既不是宋《營造法式》舉折之法，也區別於清工部《工程做法則例》舉架之法。當地木匠〔註12〕常說「加三」，即兩個椽之間的高跨比爲 0.3，從中心開始算，先定水平距離然後根據斜率定高度；然後依次向兩側用同樣的方法算每一步架的高度。簷步的斜率一般選 0.25。將梧桐村的屋頂剖面的斜率與宋《營造法式》和清《工部工程做法》相對比（見圖 3－44）。梧桐村的屋頂的坡度比較舒緩。但是按照當地木匠的算法，屋頂剖面的斜率應小於 0.3，而實際測繪多數房子的斜率爲 0.35 左右。

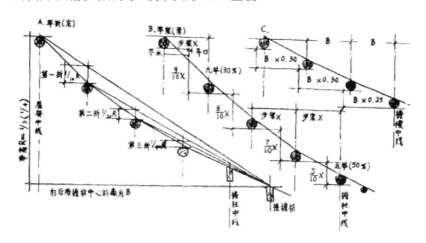

圖 3－44 與宋《營造法式》和清工部《工程做法則例》對比

〔註11〕潘谷西主編，中國古代建築史，第四卷〔M〕，北京：中國建築工業出版社，2009，頁 457。

〔註12〕梧桐村中有兩位木匠，一位 73 歲，另一位 64 歲，文中所指的「當地木匠」就是這兩位木匠訪談後內容匯總。

3.4.5 風水理論及其他

一、風水理論

　　梧桐村無論過去還是現在，建房都要看風水。看風水，當地被稱爲「地理」。福建自古以來對風水的迷信程度之深，讓政府都不得不發文制止。乾隆二十四年（1759 年）《嚴禁爭墳》中特意強調「陰地好，不如心地好。」，「乃閩省逼近江西，恒惑與地師之說，不但愚民牢不可破，即身列衣冠，富家巨族，亦無不酷信風水，謀買強挖」〔註 13〕。福州地區也一樣迷信風水。美國傳教士盧公明（Justus Doolittle）1850 年來到福州，在福州居住了 14 年。他用外來者的視角對這座城市做了細緻的觀察，以學者的認眞態度儘量去瞭解事實，客觀記錄事實。他寫了一系列文章，集結爲《中國人的社會生活》，書中描寫了十九世紀中葉福州地區的社會風情，涉及當時福州的婚嫁、喪葬、科舉、建築等。作者觀察到的細節在國內的方志中都沒有記載。「十九世紀的福州是東南沿海的一座重要省會城市，上至總督巡撫，下至三教九流的黎明百姓，各色人物一應俱全；既有閩江內航運的便利，又有海外貿易的通商口岸，商業經濟和市民文化發達；以官府、貢院、鄉紳爲代表的正統儒教文化實力強大，梵道混雜，尙鬼濫幾的民間文化也生生不息」〔註 14〕。那時的社會充斥著荒謬的迷信，「兩千多年來中國一直被孔孟之道束縛著，稍後又受到佛、道兩教的強烈影響，荒謬的、迷信的、陳腐的思想和習慣在整個國家氾濫成災」〔註 15〕他在書中寫過「關於建房。建造住宅、商行、廟宇，也都要請算命先生擇日子。……破土奠基、立柱、上樑、上大門、開井、做灶選擇出一個吉利的時間表。也就是說，根據五行生剋的理論，選擇不會與利益攸關者的生肖相衝突的日子和時辰來做這些標誌性的事項。」〔註 16〕梧桐村建房看「地理」，就如盧公明所說，根據五行生剋之理。建房重要的時刻還會請道士來做法。2011 年 7 月在梧桐村碰到一家人蓋好房子喬遷新居之時，雖然是現代房子，仍然請來自稱爲「正一派」的道士來做法。「福建派」風水的始

〔註 13〕臺灣文獻史料叢刊，第七輯，福建省例〔M〕，臺北：大通書局，1987，頁 436
〔註 14〕〔美〕盧公明著，中國人的社會生活──一個美國傳教士的晚清福州見聞錄〔M〕，陳澤平譯，福建：福建人民出版社，2009，頁 2。
〔註 15〕〔美〕盧公明著，中國人的社會生活──一個美國傳教士的晚清福州見聞錄〔M〕，陳澤平譯，福建：福建人民出版社，2009，頁 6。
〔註 16〕〔美〕盧公明著，中國人的社會生活──一個美國傳教士的晚清福州見聞錄〔M〕，陳澤平譯，福建：福建人民出版社，2009，頁 409。

祖爲王伋，約爲南宋人，對羅盤有研究。「福建派又稱宗廟法，『屋宇之法』，從《陔餘叢考》可知該派以五行、八卦、干支、天星爲四綱，講究方位與冲煞。理論雜糅了《周易》和星占學說，玄妙難懂，注重羅盤的應用。」〔註17〕訪問兩位當地七十多歲的風水師，的確如上所述。

二、營造工具

（一）尺

《福州市城鄉建設志》記載福州地區民間建房的一些情況：「古代建築常用尺有公門尺、丁蘭尺、子房尺、曲尺四種。公門尺，民俗叫『圖繩尺』。土木工常用於量陽宅、官衙、寺廟、祠堂及家具、神位等。公門尺法共有『財、病、離、義、官、劫、害、本』八字。每字管 1.7675 寸，習慣爲 1.8 寸，合5.4 公分。其中『財、義、官、本』四字爲吉，『離、病、劫、害』四字爲凶。丁蘭尺，用於造墳墓，量陰居。共有丁害旺苦義官死興失財 10 字，每字管 1.28寸。其中丁旺義官興旺爲吉，害苦死失四字爲凶。現丁蘭尺法較爲少用，造墳墓多用公門尺法。子房尺寸分爲 9 步，每步管 1 寸，9 步列爲金星、火星、羅星、木星、紫氣、文星、計都、月脖、水星。曲尺亦對 9 寸爲九步，每步管 1 寸。」〔註18〕

當地木匠稱他們的用的是「魯班尺」，但尺分爲兩種，一種普通的是蓋房用（圖3-45），一尺四四的長度上均分爲八份，刻有八字「財、病、離、義、官、劫、害、本」。本地的魯班尺 1 尺約等於 30 釐米。當地現有一種特製的鋼捲尺，尺子上印有八字，方便當代建造過程中考慮「八字」的凶吉因素，即現代版的魯班尺；另一種是造墳用的，即「丁蘭尺」。當地木匠強調不要用錯這兩種尺子。

當地蓋房選擇開間、進深、房高，以及開門、開窗時都要將「財、義、官、本」和「痛、病、死、絕」這 8 字配搭組合成一定順序。而且用哪個字頗有講究。比如「財」字，在蓋房子時很少用，只是在蓋像豬欄的牲口棚時才會用。「義」字用得最多。比如，門寬都用「義」字，即 0.72 米。而「本」字會用在福壽門上。

〔註17〕譚剛毅著，兩宋時期的中國民居與居住形態〔M〕（博士學位論文），南京：東南大學出版社，2008，頁 136。

〔註18〕劉潤生主編，福州市城鄉建設志〔M〕，北京：中國建築工業出版社，1992，頁 1020。

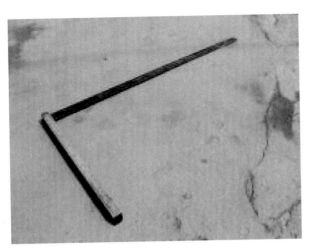

圖 3－45 當地木匠的魯班尺

（二）長杆

據當地木匠講，蓋房之初都要準備一長杆。長杆或用杉木，或用竹竿。杉木的截面尺寸約爲 10 釐米＊10 釐米；竹竿大頭直徑約 10 釐米。木工師傅用這一長杆確定房屋的主要尺寸，比如「一行」、「二行」、「三行」的高度——即檁的高度，門、楣的高度等等。房屋的全部尺寸都在長杆之中。這些主要尺寸一方面要考慮尺寸的凶吉，同時也要考慮重要構件的位置和尺寸設計。用一根長杆，方便解決凶吉尺寸、房屋尺度、用料大小，這是民間智慧的結晶。

三、營造過程

《清康熙戊戌年重修祖祠記》記載了當年重修三黃世家的宗祠（圖 3－46）的過程：「祖祠起於萬曆三十年壬寅歲，至清戊戌歲百有四十載，修整開拓代有其人。至是歲，非小修可以藏事，且星家云：此祠逢此爲六十年一大利。遂聚族而謀修之，五月十八日議事，六月初三日告祖，十七日提捐，七月廿一日斂銀，廿六請木司陳尚開、尚武立約交銀，八月初二日與瓦司方起久、周而胤定買磚瓦，廿一日往馬鼻港買木料，九月初一日土木興工，初十日神主請祀別室，十一日折卸寢廟，將地基砌高二尺，十月十五日架扇，十八日上檁。中堂改換新樑穿，仰頭門豎華表一座，周圍門牆前則從新，後則仍舊也。己亥年七月廿九日落成。是日即迎神入廟。是役也，費四百餘金，出於

眾子孫者三百餘金，出於祭租養賢者百餘金。」〔註 19〕從清戊戌歲九月初一日開工，一個半月後架扇上樑，己亥年七月廿九日落成，整個改建工程工期11 個月。

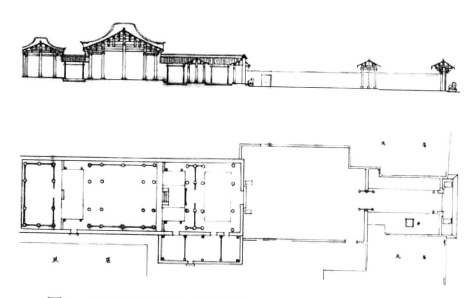

圖 3－46 三黃世家的宗祠的剖面圖（上）、平面圖（下）

〔註19〕《羅源黃氏族譜》，2002 年重新編纂。

第 4 章　閩東傳統民居大木作發展的歷史研究

　　福建與中原的交流由來以久，中原文化隨著大量移民進入福建，中原漢族曾四次大規模進入福建〔註1〕，形成歷史上所謂「衣冠南渡」。第一次是西晉末年的八姓入閩。乾隆《福州府志》載：「永嘉二年，中州板蕩，衣冠始入閩者八族：林、黃、陳、鄭、詹、邱、何、胡是也。以中原多事，畏難懷居，無復北向。〔清·乾隆《福州府志》卷75《外紀》〕」第二次是唐代河南光州人陳元光開發漳州。黃仲昭《八閩通志》引《建安志》載：「自五代亂離，江北士大夫、豪商、巨賈多避亂於此，故建州備五方之俗。」第三次則是唐末五代，王審知治閩。第四次是北宋南遷後，北方百姓爲避戰禍，大量湧入福建。除了這幾次大規模移民入閩，從永嘉之亂前到明清，中原人都有陸續移居福建。閩東地區作爲福建的重要部分，移民情況亦相同，每一次中原地區出現動亂，都會有移民從海陸兩條線路移居閩東。

　　梧桐的黃姓乃宅里黃氏的後人，宅里黃氏又被稱爲「三黃世家」。「三黃世家，源自江夏，派出固始。」據《羅源黃氏族譜》記載「始祖乃光州固始人也，仕於唐宗隆之際，叨居光祿大夫。其時七國爭雄，爭鬥不已。有王審知封於閩梁太祖封爲閩王，悉遷於閩，遂居閩地石井，宗族人眾」〔註2〕。五代時，從河南固始來投奔王審知的人，多不勝數。梧桐村的黃姓先人正是跟隨第三次移民遷徙的浪潮來到福建，定居在福建邵武。福建是黃姓分佈比較集中的地區之一，福建民間有個通俗說法「陳林半天下，黃鄭滿街排」，可見

〔註1〕何綿山著，閩文化概論〔M〕，北京：北京大學出版社，1996，頁2。
〔註2〕原譜序之一《羅源黃氏族譜》，2002年重新編纂，頁31。

黃姓是福建有代表性的姓氏。

「這四次大移民和陸續進入的大量移民，都不同程度地帶來了中原的先進文化，加快了福建的開發和進步。此外，名士南下和閩人北遊也或多或少地帶來了中原文化。」〔註3〕建築是文化重要的一部分，移民帶來的建築技術和民居形態會影響當地的建築技術和民居形態。閩東傳統民居的大木作隨著一批批移民的遷入，隨著朝代的更替，發生變化。歷史學家張蔭麟在《中國史綱》中寫到「我們的歷史興趣之一是要瞭解現狀，是要追溯現狀的由來」〔註4〕。本章從家族淵源順藤摸瓜，研究中原文化傳入與建築發展的關係，從而瞭解具有獨特風格的閩東傳統民居大木作之所以形成的原因。

4.1 漢代

秦統一全國後仿建六國宮殿，促進了全國建築交流。全國各地的建築技術、建築藝術得到一個交流融合與發展的機會。漢繼秦而立，是中國古代第一個中央集權的強大而穩定的王朝。其建築規模和水平達到了中國古代建築發展上的第一個高峰〔註5〕。西漢的首都長安已經是世界上最大都城，全城面積36平方公里。中國古代三種主要木構架形式——柱樑式、穿斗式、密樑平頂式都已出現。採用院落式布局的特徵已基本成熟和穩定，並與當時的社會禮制和風俗習慣緊密結合。

秦始皇時期設置閩中郡，這是福建歷史上第一個區域建置，其轄地北部仍達浙江溫、臺、處三府，西接江西鉛山。漢代劉邦設閩越國，其轄地有贛東、浙東、粵東潮梅等地區。福州成爲閩越王的國都。梧桐村的始祖還未遷入福建，大批移民也同樣沒有湧入福建，秦漢時期的閩越國仍然是人煙稀少的邊陲之地。

武夷山市興田村的漢代遺址是西漢東南少數民族閩越國的王城。「古漢城南北長850米，東西寬550米，城牆爲夯土版築，周長2856米。至今完好無缺。古漢城的建築在許多方面與中原古城址是相同的。比如在布局上，以王宮爲中心，面面俱到，序列井然」〔註6〕。這與中原漢人《周禮·考工記》中

〔註3〕何綿山，閩文化概論〔M〕，北京：北京大學出版社，1996，頁13。
〔註4〕張蔭麟著，中國史綱〔M〕，上海：上海古籍出版社，2004，頁6。
〔註5〕傅熹年著，中國古代建築十論〔M〕，上海：復旦大學出版社，2004，頁5。
〔註6〕何綿山著，閩文化概論〔M〕，北京：北京大學出版社，1996，頁221。

「匠人營國，方九里，旁三門，國中九經九維，左祖右社」的城市設計有相似之處。「古漢城中部以閩越王的王宮爲中心，佔地數萬平方米。宮殿建築區是一種四合院式的中國傳統建築群組，包括大門、門房、庭院、主殿、側殿、迴廊、天井、廂房、空牆、水井和排水管道等設施，主殿坐北朝南，中有軸線，布局嚴謹。」〔註7〕宮室的建築爲「干欄式」建築，適應福建潮濕多雨的氣候。

　　福建蒲城縣仙陽管九村溪東大王嶗山，存有西漢時所築的漢陽城遺址〔註8〕。司馬遷《史記・東越列傳》記載：漢武帝平定閩越時，「越衍侯吳陽以其邑七百人反，攻越軍於漢陽」。在漢陽遺址中有的地方出現內牆與外牆，即爲城郭。我國古代城市，一般分爲城與郭。《吳越春秋》中「築城以衛君，造郭以守民」，如果將內城與外城稱爲「城」與「郭」，漢陽古城的郭依山而建，不像城那樣四面有城牆。

　　福建崇安縣西漢閩越國東冶城中的甲組建築（圖4-1）。該建築群由東、西門道、西門房、西廂房、西天井、西迴廊、配殿、正殿等組成。總體形成倒置的「品」字形平面，依南北向中軸對稱布置。與西漢長安未央宮第四號建築遺址建築平面圖（圖 4-2）比較，可以發現很多相似之處，都是院落式布局。在東冶城遺址的發掘中，發現了陶製磚、瓦、水管、石礎、木柱、木樑枋等。發現的圓形瓦當上有雲紋、箭紋和文字。瓦當上出現了漢字「樂未央」、「萬歲」、「常樂萬歲」。

　　閩越是福建歷史上地方割據政權中時間最早最長，也最爲強盛的諸侯國。在將近一個世紀的歲月中，閩越人民既保持了福建遠古文化中的風俗習慣、宗教觀念等，又在政治、經濟、文化、藝術等方面，效法中原內地，從而創造出燦爛一時的閩越古國文化。因楚滅越後，越之餘部退至福建，傳至無諸立國稱王，即《史記》爲之立傳的閩越國。根據福州地區陸續發現的這些古城遺址，我們可以看到漢代閩越社會文化與經濟的情況。城址中的宮殿的風格，瓦當上的漢字裝飾紋樣，與同時期中原地區基本一致。雖然沒有建築遺存，但從這些遺址中我們可以看出早在漢代，中原的漢文化與當地的閩越文化已經有了交流。

〔註7〕何綿山著，閩文化概論〔M〕，北京：北京大學出版社，1996，頁222。
〔註8〕何綿山著，閩文化概論〔M〕，北京：北京大學出版社，1996，頁223。

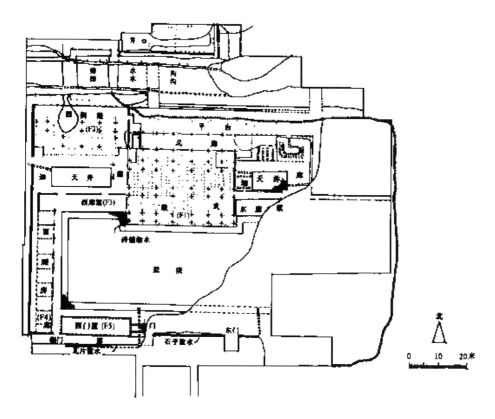

圖4-1 福建崇安縣——西漢閩越國東冶城遺址中的甲組建築平面圖

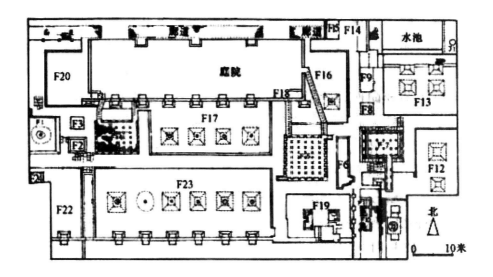

圖4-2 西漢長安未央宮第四號建築遺址建築平面圖

4.2 唐、五代、宋、元

　　唐朝時，中國古代建築發展達到了第二個高峰。唐代木建築運用模數進行設計已達到成熟程度〔註9〕。唐末由於軍閥混戰，出現了五代十國的分裂時期，北方人民向南方遷移使經濟中心南移。北宋統一中國後，農業手工業得到恢復和發展，商業和手工業的發展使城市繁榮發達。取消了里坊制後，商店可沿街設置。宋代科技文化也較唐也提高很多。印刷、羅盤和指南針這三大發明在宋代完成。建築方面，把已經成熟定型的制度以法規形式固定下來，編制了《營造法式》一書。宋代注重禮教，發揚孝道，鼓勵家族制度，希望共居同食，有些家族達到十幾世同居，所以宅院規模擴大。建築的木構架的裝飾也更加精美、細膩〔註10〕。

　　自唐代開始，立閩州都督府。開元十三年（725 年），閩州都督府改稱福州都督府，這是福州名稱出現之始。五代十國時期，福建先後爲閩、殷、南唐、吳越各國所據，區劃名稱幾經變遷。後唐長興四年（933 年），王延鈞稱帝，國號大閩，改元龍啓，升福州爲長樂府，稱東都，領福、泉、建、汀、漳五州。北宋時期，置福建路。在宋時，福建成爲東南全盛之邦。南宋時，福州在原有基礎上得到了發展〔註 11〕。程民生在《宋代地域文化》書中特別談及福建在宋代時的情況：雖是文明昌盛之地，文化普及，士人讀書熱情高漲，科舉考試人數眾多。但因爲地理環境相對封閉，三面環山，一面臨海，容易形成比較獨特的習俗，自我意識與鄉土意識較強。福建是地域文化特色比較突出的地區，與北方文化不盡相同，也最易使中原人對其產生地域偏見。〔註 13〕

　　閩東地區和中國其他地區一樣，明代以前的民居都無遺構留存。爲瞭解大木作的變化，只能借助其他類型的建築。福州華林寺大殿是大家熟知的遺存極少的宋代木構建築，很多年以來一直被稱爲長江以南最古老的木構建築。羅源縣的陳太尉宮正殿是五代所建，爲認識福州地區早期建築又提供了一個珍貴而重要的實例。

〔註 9〕傅熹年著，中國古代建築十論〔M〕，上海：復旦大學出版社，2004，頁 10。
〔註10〕孫大章著，中國民居研究〔M〕，北京：中國建築工業出版社，2004，頁 27，頁 28。
〔註11〕董鑒泓等編，中國城市建設發展史〔M〕，臺灣：明文書局，1988，頁 47。
〔註13〕程民生著，宋代地域文化〔M〕，河南：河南大學出版社，2005，頁 54、頁 56、頁 57。

4.2.1 福州華林寺大殿

　　華林寺歷經幾多春秋，僅存大殿，1958 年第一次全國文物普查中被鑒定爲長江以南最古老木構建築物。1984 年遵循修舊如舊的原則落架修復，並配建山門、東西配殿、迴廊及工作室等附屬建築。華林寺大殿建於五代吳越錢弘俶十八年（964 年），即北宋乾德二年（964 年）。閩東地區當時還沒有歸入北宋版圖，故雖然華林寺大殿一直被稱爲宋代建築，但也可應歸入五代建築

圖 4-3 華林寺大殿外觀

　　華林寺大殿〔註13〕（圖 4-3）雖經歷代重修，但主要構架還是初建時原物，是研究我國南方木建體系的珍貴實物資料。大殿爲單簷歇山造，抬樑式木構建築，高 15.5 米，面積 574 平方米。面闊 3 間（15.64 米），明間廣 6.48 米，梢間廣 4.58 米；進深四間八椽，心間廣 3.44 米，梢間廣 3.85 米，通深 14.58 米。平面近方形。大殿構架形式爲八架椽屋前後乳栿對四椽栿用四柱。共用 18 根柱子支撐，其中簷柱 14 根，內柱 4 根。柱子都是梭形柱。14 根簷柱柱頭由闌額、額枋縱橫連結，形成外層大方形框架結構（圖 4-4，圖 4-5）。殿內柱子布局採用減柱法，內柱 4 根，每根高 7 米，內柱之間，由前後內額、四椽縱橫連結，形成內層四方框架。大殿四簷及內柱頭上均施斗栱，而柱頭上更用特別粗大的斗栱承托，外簷鋪作爲七鋪作雙杪雙下昂重栱造，用材碩

〔註13〕資料來源：傅熹年主編，中國古代建築史，第二卷〔M〕，北京：中國建築工業出版社，2001，頁 532。

大；轉角鋪作出跳用足材，其餘均用單材。內向斗栱鋪作均按需要，隨宜加減，大量運用插栱。斗底是皿板形，樑栿、前簷闌額均為月樑造，不施普柏枋，雲形馱峰在樑栿上運用，昂嘴砍作曲線，構件上雕刻並加以彩繪。

圖 4－4 華林寺大殿內部構架

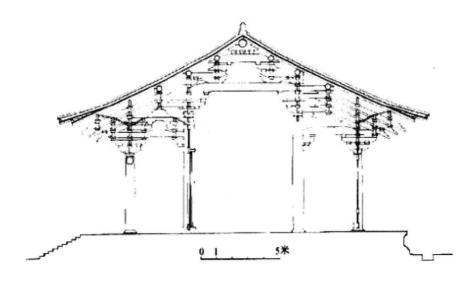

圖 4－5 華林寺大殿橫剖面圖

圖4-6 從正面看華林寺大殿內部構架

華林寺的框架結構合理穩定，大殿經受了千年風雨的考驗，至今保存完好。用材規格超等，構件碩大；梭形柱，斗底有皿板，保存魏晉風格；闌額、乳栿均屬月樑造做法，造型古樸；斗栱簡潔嚴謹，華林寺的建築風格因地理上與中原文化中心距離遙遠，華林寺大殿的木構技術特徵，保留的早期中原建築的歷史特徵。

4.2.2 陳太尉宮正殿

羅源縣中房鎮的陳太尉宮﹝註14﹞是中房陳氏祠堂。1986年國家文物局進行了年代測定。其中大殿原脊搏駝峰下小散斗 C-14 年代測定，距今 999±60 年，樹輪校正年代距今 944±60 年。明間內額出頭 C-14 年代測定，距今 899 ±60 年。可以確定現存的主殿建築的確爲五代到宋時的原構。

根據《羅源縣志》、《陳氏宗譜》記載：陳太尉宮是爲陳蘇而建造。陳蘇

﹝註14﹞ 羅源中房的陳太尉宮是陳氏祠堂，集五代、宋、明、清代建築風格於一體。大宮現存建築有正殿接著兩配殿、兩包廟（看臺）及戲臺組成。1986年，羅源縣文物局將一些構件送到國家文物局進行了 C-14 年代測定，確定正殿爲五代到宋時建造，左配殿爲明代建築。右配殿爲清代建築。

是河南固始人，生於唐大和五年（831 年），唐末隨王審知入閩，居住在羅源曹峰。陳蘇將中原文化帶到這裡，教民農桑、禮教，鄉人感慕其品德，爲其立祠堂。南宋嘉定二年（1209 年）擴建祠堂爲大殿。陳蘇死後被尊爲神，敕封太尉。陳蘇祠堂改名爲神宮，稱陳太尉宮。對於主殿建造年代有兩種說法：一種認爲其始建於五代後梁開平三年（909 年），另一種認爲其始建於北宋建隆年間（960～969 年）。這兩種說法都與 C-14 年代測定相吻合。由此可以判斷，陳太尉宮主殿爲五代到北宋期間的原構；大殿爲元代建築。

陳太尉宮主殿，單開間，進深兩間，前廊後堂。用礩墩，梭形柱，六架椽，抬樑式構架。簷下斗栱爲七鋪作雙杪雙下昂單栱偷心造。前後簷各用 3 朵補間鋪作，兩山柱間均只用 1 朵補間鋪作。立柱成梭形，梭柱即兩端均作卷殺。這是內地早期的柱式在閩東地區的遺存。

圖 4－7 陳太尉宮大殿外觀

元代擴建大殿〔註 15〕（圖 4－7），大殿爲宮內主體建築，重簷歇山頂。面闊三間，明間闊 6.23 米，次間 3.65 米，通面闊 13.55 米；進深五間，前廊進深 3.58 米，第一間進深 3.55 米，第二間進深 5.55 米，第三間進深 2.92 米，

〔註 15〕資料來源：黃新強著，江南之寶——千年古建築陳太尉宮初探〔J〕，雲南：大觀週刊，2011（49），

第四間進深 3.57 米，後廊進深 2.03 米，通進深 21.2 米。根據羅源博物館黃新強對大殿主要特徵和現狀的分析，原構爲抬樑式構架，進深應爲四間八架椽，南宋擴建時將後金柱位置後移，並向後擴展一間二椽，改爲十椽屋，樑架隨之變動，屋脊也相應抬高；清代擴建時，又於殿前加建軒廊一間，構成現狀。36 根梭形柱碩大、柱周長爲 1.16 米至 1.93 米，均高 4.67 米，這在《營造法式》中只有殿堂式建築才這樣做，方便做天花藻井。栱頭卷殺無瓣。柱頭不施普柏枋（圖 4－8），闌額出頭，垂直搭交，且垂直平截。重栱素枋重複疊置。尤其是大屋架採取以山面橫架鋪作支撐兩道大額枋，不用內柱，其上再安放重栱分別支承前後兩中平椽縫上的樑架的做法，中間方形藻井，層疊有致，別具一格。闌額、額栿、乳栿、四椽栿等，截面近圓形，幾乎是採用原木搭建（圖 4－9，4－10）。

圖 4－8 陳太尉宮大殿內部構架

圖 4－9 陳太尉宮主殿梭形柱

圖 4－10 陳太尉宮主殿內部斗栱

4.2.3　閩東建築與中原建築相比較

　　福州華林寺大殿建於公元 964 年，山西平遙鎮國寺大殿建於公元 963 年，
山西五臺山佛光寺東大殿建於公元 857 年，這幾個建築建造年代相近，我將
他們放在一起做一下比較。同時選取了山西南禪寺大殿，因其規格相對較低，

便於與陳太尉宮主殿比較。通過對比，看看閩東建築與中原建築的異同。

山西五臺山佛光寺東大殿〔註16〕，雄偉古樸，居高臨下，俯瞰全寺，爲寺內主要建築。根據殿前石幢刻字與殿內樑架上題記核證，於唐大中十一年（公元 857 年）在彌勒大閣舊址上重建。殿前基址甚高，由片石砌築，其上築以臺基。大殿（見圖4－11）面寬七間，當中五間的間廣爲 5.04 米，梢間廣 4.4 米；進深四間八椽，通進深 17.66 米。屋頂爲單簷四阿頂，用琉璃鴟尾，殿頂全用板瓦鋪蓋，脊獸也全爲黃綠色琉璃藝術品。東大殿的外簷鋪作斗栱爲七鋪作雙杪雙下昂，補間鋪作爲各間一朵。在脊檁下用叉手。殿內用平闇和月樑，樑枋規整，結構精巧，局部還保存有早期彩繪痕跡。

圖4－11 佛光寺東大殿橫剖面圖（上），佛光寺縱剖面圖（下）

〔註16〕資料來源：傅熹年主編，中國古代建築史，第二卷〔M〕，北京：中國建築工業出版社，2001，頁 527。

　　鎮國寺位於山西省平遙縣城北郝洞村，位於世界文化遺產平遙古城東北方向 15 公里，大殿始建於北漢天會七年（公元 963 年），清嘉慶二十一年（公元 1816 年）重修，在佛殿內樑架上留下許多題記墨蹟及寺中現存的碑刻，提供了可靠的歷史佐證。大殿（見圖 4－12）面闊三間，明間廣 4.55 米，梢間廣 3.51 米；進深三間六椽，心間廣 3.73 米，梢間廣 3.52 米，通進深 10.77 米〔註17〕。平面近方形。屋頂為單簷歇山式，出簷深遠。構架形式為六架椽屋通簷用二柱。簷柱有生起、側腳，樑栿上用叉手托腳。外簷鋪作為七鋪作雙杪雙下昂，補間鋪作為各間一朵。除裏轉多一杪外，與佛光寺東大殿外簷鋪作形式相同。這座殿宇造型獨特，龐大的七輔作斗栱的總高超過了柱高的 2／3。

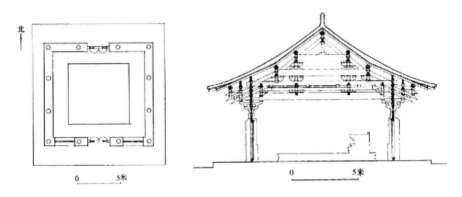

圖 4－12 鎮國寺大殿平面圖（左），剖面圖（右）

　　南禪寺大殿（見圖 4－13）位於山西五臺山李家莊。根據現有資料推測大殿建於唐述中三年（782 年）。「大殿面闊三間（11.75 米）；進深四椽（10 米），均分為三間；總高約 9 米。單簷歇山頂，殿內徹上明造。殿身用柱唯外簷一周 12 柱，側腳 7 釐米，角柱生起 6 釐米。其中有些柱子斷面作方形。明間前後簷柱之間用通樑，樑上立駝峰、斗栱並用托腳，以支承平樑與平槫。平樑上以叉手、令栱支托脊槫。按宋《營造法式》中的構架形式分類，屬廳堂構架中『四架椽屋通簷用二柱』。外簷周圈只用柱頭（含轉角）鋪作，不用補間。明間柱頭鋪作中，櫨斗內外各出一跳華栱承樑，樑頭向外伸出部分，做成鋪作中的第二跳外跳華栱，栱頭上橫置令栱、替木，上托撩風槫。樑背上有通長覆樑，稱繳背，伸至令栱外砍作耍頭狀。山面柱頭鋪作內外各出兩跳華栱，

〔註17〕傅熹年主編，中國古代建築史，第二卷〔M〕，北京：中國建築工業出版社，2001，頁 532。

內跳華栱上承丁栿，與通樑上的覆樑交於同一水平。丁栿向外伸至令栱外，也同樣作耍頭狀。轉角鋪作除正側面出華栱外，角縫內外出兩跳 45° 華栱：內跳上托 45° 角乳栿，栿尾搭在通樑繳背之上，用以承托山面出廈的平樑；外跳與其餘柱頭鋪作形式相同，上承大角樑。簷柱柱頭之間用單層闌額聯繫，柱頭鋪作之間用雙層柱頭枋周圈相連，上層枋與覆樑為同一水平，枋上在柱頭處設駝峰、斗子承壓槽枋；下層枋下有自櫨斗橫出的泥道栱，枋身隱出慢栱」〔註18〕

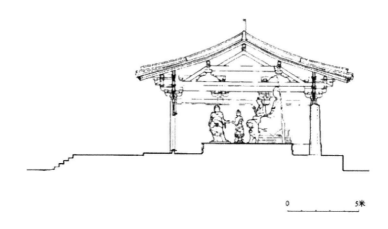

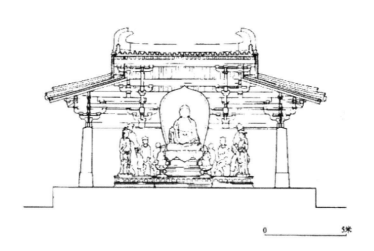

圖 4－13 南禪寺大殿橫剖面（上），縱剖面（下）

〔註18〕傅熹年主編，中國古代建築史，第二卷〔M〕，北京：中國建築工業出版社，2001，頁 522。

首先總結一下閩東建築與中原建築的相同點。

閩東地區福州華林寺大殿、羅源陳太尉宮正殿與中原山西平遙鎮國寺大殿、五臺山佛光寺東大殿、五臺山南禪寺大殿都是抬樑式結構。這五座建築簷口均為曲線，翼角翬飛，屋面是由曲線、曲面組成的遒勁而豪放的風格，閩東建築和中原建築一樣不再是直屋面。

閩東建築與中原建築都使用斗栱，斗栱也有很多相似之處。華林寺大殿的外簷鋪作為七鋪作雙杪三下昂偷心造，陳太尉宮正殿的外簷鋪作為七鋪作雙杪雙下昂單栱偷心造；佛光寺東大殿的外簷鋪作為七鋪作雙杪雙下昂，鎮國寺大殿的外簷鋪作為七鋪作雙杪雙下昂。鋪作〔註 19〕與簷柱的高度比：華林寺大殿為為 0.414；陳太尉宮正殿為 0.414，佛光寺東大殿為 0.49。

最後重點說一下閩東民居斗栱「偷心造」這個問題。華林寺大殿和陳太尉宮正殿斗栱都多次採用偷心造做法；而中原的這三座建築的斗栱雖都是計心造，但在中原的唐宋遺構中，完全計心造的鋪作並不多見。所謂「計心造」：華栱或昂出跳，跳頭之上支承橫栱。所謂「偷心造」：華栱或昂出跳，跳頭之上沒有支承橫栱。「因為早期鋪作結構功能明顯，而橫栱在結構性能上基本不承重，主要是為了穩定整個鋪作的作用」〔註 20〕，所以中原的唐宋遺構大多都有偷心造做法，比如宋代河北正定隆興寺天王殿的柱頭科斗栱（見圖 4－14 左），宋代山西晉祠聖母殿的柱頭科斗栱（見圖 4－14 右），均為偷心造做法。華林寺大殿的山面中柱鋪作用了五跳華栱，只有最後一跳為計心造，其他四跳均為偷心造。最後一跳採用計心造的目的是為了彌補偷心造容易發生位移和扭轉的缺陷。簷柱上的乳栿和丁栿都插入金柱的柱身，並從柱身挑出兩抄偷心造華栱承各栿之尾。在漢代陶製明器和畫像石、畫像磚所表達的木構建築形象中常常能見到連續多重出跳的偷心造華栱。

五臺山佛光寺東大殿和羅源陳太尉宮正殿內外柱子等高。建築的構架由三部分組成：柱網、鋪作和樑架。與《營造法式》中的殿堂式的構架層次基本相同。柱頭之間用闌額聯繫，櫨斗置於柱頂之上，櫨斗支承鋪作；鋪作之

〔註 19〕鋪作高度：即由櫨斗底皮至撩簷枋上皮。陳太尉宮資料來源：黃新強著，江南之寶──千年古建築陳太尉宮初探〔J〕，福建：大觀週刊，2011（49），其他資料來源傅熹年主編，中國古代建築史，第二卷〔M〕，北京：中國建築工業出版社，2001。

〔註 20〕項隆元著，《營造法式》與江南建築〔M〕，杭州：浙江大學出版社，2009，頁 120。

上支承由樑、檁、椽組成的屋頂構架。其餘三個建築與《營造法式》中的廳堂式的形制相似，內外柱子不等高，內柱升高承托樑，多道垂直樑架之間由闌額等縱向構件連接而組成構架。

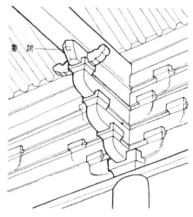

圖 4－14 河北正定隆興寺天王殿的柱頭科斗栱（左），山西晉祠聖母殿的柱頭科斗栱（右）

由此可見，閩東建築與中原建築的大木作是在同一結構體系之中。閩東大木作技術來源於中原，與中原地區相似。

因爲不同的地理、文化、社會等因素的影響，閩東建築的大木構架從外觀到細部處理，與中原建築的大木構架也有著一定的區別。

閩東的福州華林寺大殿和羅源陳太尉宮正殿都使用梭柱（羅源陳太尉宮正殿中，面闊一間進深兩間的範圍內，即五代所建部分使用梭柱。元代加建部分，均使用直柱）；而中原的三座建築都使用直柱。「梭柱」是指柱子像梭子的形狀，中間粗、兩頭小。《營造法式》卷五，對梭柱的規定「凡殺梭柱之法，隨柱之長，分爲三分，上一分又分爲三分，如拱券殺，漸收至上徑比櫨斗四周各出四分；又量柱頭四分，緊殺如覆盆樣，令柱頂與櫨斗底相副。其柱身下一分，殺令徑圍與中一分同。」在河北定興義慈惠石柱上石屋柱子和日本飛鳥時代的木構建築中保留著梭柱的形式，但中原現存的唐宋時期建築中都未見使用。

閩東的福州華林寺大殿和羅源陳太尉宮正殿的簷柱無側腳，而中原的三座建築的簷柱均有側腳。

閩東的福州華林寺大殿和羅源陳太尉宮正殿的構架都沒有使用叉手。而

中原的三座建築均使用叉手。

　　華林寺大殿華栱，除各轉角鋪作角華栱和蝦鬚栱外，其餘均爲單材栱。陳太尉宮正殿亦相同，除轉角鋪作的華栱用足材，其餘均爲單材栱。現存北方唐遼建築中。華栱出跳多用足材。宋《營造法式》將材的寬度分爲十分，以十五分爲材之高，材與材之間用斗墊托空隙的高度，高六分，謂之「契」。材的高度是一材加一契者，謂之「足材」，「足材」高爲 21 分。高只有一材者，謂之「單材」，「單材」高爲 15 分。陳太尉宮正殿的栱頭卷殺無瓣，由一段直線和一段平滑連續的曲線組成。

　　閩東的兩座建築均使用皿斗。「皿斗」是指斗剖底部外張，並且加上斗底的線角，使得斗底部好像有一塊皿板。而中原的這三個建築都未使用皿斗。在北魏的雲岡石窟中最早見到「皿斗」的做法（圖 4－15）。

圖 4－15 山西大同北魏雲崗石窟第 9 窟前廊浮雕

　　中原建築的簷柱泥道縫上採用普柏枋，枋上有泥道栱。而閩東的這兩個建築都沒有使用普柏枋，而是採用「扶壁栱」。有的是單栱與素坊重複疊置，還有的是重栱與素坊重複疊置。具體做法是：在大殿的外簷柱頭櫨斗上第一層爲泥道栱，栱上爲素枋，枋上爲令栱，栱上復爲素方。山西太原天龍山石窟（圖 4－16），這座北朝石窟可以看見石刻仿木構，闌額上直接放置人字斗和一斗三升。

圖4－16 山西太原天龍山石窟（北朝）

下面兩圖是（圖4－17）宋代閩東地區的陶屋，都已能看到誇張的翼角起翹。左邊的陶屋可見雙杪丁頭栱，右面的陶屋可見櫨斗下的單杪丁頭栱。從陶屋可知，宋代閩東民居已經不再是直屋面，開始使用斗栱。

圖4－17 寧德包適博物館藏宋陶屋

綜上所述，唐宋時期閩東文化逐漸與中原文化交融一體，從這兩座宗祠和寺廟可以看出，閩東大木作技術來源於中原，與中原相似。但是因地理上與中原文化中心距離遙遠，建築技藝傳播因素作用，閩東唐宋的大木作技術中保留了許多魏晉時期的古老做法，這些做法在中原地區已經難尋，只有在

石刻、壁畫等地方看到，與日本飛鳥時代的建築中的許多做法類似。因此雖然閩東大木作技術與中原相似，但是具有不同於中原的地方特色。

4.3 明代

明朝是唐以後漢族建立的惟一全國統一的政權，立國之初在制定制度、鞏固統一上做了很多事。對王府、各級官署、居民住宅，從布局、間數、屋頂形式、色彩都有規定。〔註21〕明朝在建築木結構上有了進步，確立了樑柱直接交搭的結構方式，大量使用磚砌維護結構；建築裝修、彩畫、服飾等漸趨圖案化；明代家具大量使用硬木，而呈現出輕柔和明快的時代造型。〔註22〕從明代開始，地方經濟發展，地方的特色愈益鮮明。〔註23〕

明朝洪武元年（1368年），福建全省八路改為福州、建寧、延平、邵武、興化、泉州、漳州、汀州八府。福建設八府一州。明朝時，福州仍是政治文化中心，是與中原聯繫最為緊密的地區。

閩東地區明代民居較少，在已出版的和公開發表的專業文章中都未提到。在1997年版的《羅源縣志》中提到除羅源縣城後張附近，西蘭鄉的潭石村、西峰村各有一座明代民居。但2011年去潭石村、西峰村都未找到。在閩東鄉間調研時，發現幾座祖屋，因為規模較小，裝飾樸素，所以少有人注意。這幾座祖屋的斗栱與其他大多數房屋的斗栱不同，與「後張民居」的斗栱類似。這幾座祖屋即便不是明代所建，也應是清早期的房子，與後來清代民居差別較大，反映了閩東民居發展過程中的特徵，所以也將其歸為明代民居來研究。

4.3.1 陳太尉宮左配殿

陳太尉宮左配殿，「C-14」測定結果距今552±55年，為明早期建築。

陳太尉宮左配殿（圖4-18）面朝東，面闊3間，進深6間，建築面積158平方米，單簷歇山頂。殿內立柱20根，也為梭形柱，但柱的直徑比正殿五代時期的柱徑要小。明間上方六角形藻井以斗栱裝飾，雀替刻有卷草式雲紋。斗栱規整，斗是與中原類似的方斗。

〔註21〕 傅熹年著，中國古代建築十論〔M〕，上海：復旦大學出版社，2004，頁14。
〔註22〕 孫大章著，中國民居研究〔M〕，北京：中國建築工業出版社，2004，頁37。
〔註23〕 傅熹年著，中國古代建築十論〔M〕，上海：復旦大學出版社，2004，頁15。

圖4−18陳太尉宮左配殿外觀（左），內部構架（右）

4.3.2 羅源縣後張民居

後張民居是羅源縣唯一能找到的公認的明代民居。選擇後張路26號進行介紹。這個院落本是多進多路，現只剩下正中一個完整的院落，前照、「正落」加上天井兩側的「書院」。「正落」五開間六進深，前廳中減柱四根（見圖4−19）。民間有一種說法：大廳中若出現柱子減少的情況，則認爲這座房子年代較久遠，有可能是明代的。這類似於元代的內額式減柱結構。

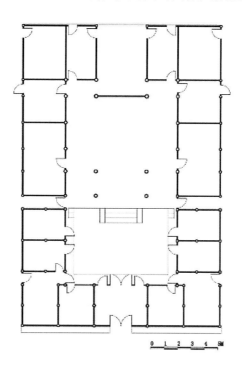

圖4−19平面圖

　　正房在進深方向上有落地的柱子 7 根，明間橫向有主樑兩道，下面一道樑類似北方的五架樑和抱頭樑二合一。只是承重樑的樑端插入柱身。瓜柱騎在下面的樑上。因爲減柱四根，所以兩根樑垂直交叉的地方用了圓形的墊托（圖 4－20 右），上面雕有花紋。在中柱和金瓜柱和瓜柱的頂端都挑出一跳或兩跳的斗栱，承托上面的檁。中柱頂端牆上沒有嵌有木的裝飾，而是用一跳斗栱加強聯繫。與清代大木構架不同，不是組成屋面的每一檁下皆有一柱，也不是每個柱間都有束木連接。

圖 4－20 後張民居廳堂構架

　　後廳也是每一根柱子上承托一根檁。但柱子沒有全部落地，一部分柱子縮短，成爲不落地的瓜柱，瓜柱下方騎在最下面的樑上。瓜柱底下的高度位置不一致。後簷沒有使用插栱，而是用類似垂蓮柱的短柱承托簷檁，只是垂蓮柱不加任何雕飾。

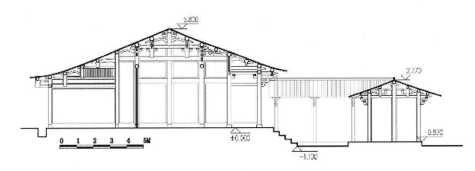

圖 4－21 後張民居橫剖面圖

　　在前簷柱和前金柱之間，有樑兩道，全部爲直樑（圖 4－22），不似清代民居一道直樑加上一道月樑。樑插入前簷柱的柱身，樑上沒有瓜柱，只有斗

栱托槫。從簷柱上挑出三跳的「插栱」，承托上面的簷槫。前廊的屋頂只有一層椽子，不似清代民居的前廊多爲兩層椽子。插栱的斗爲方形。

圖4－22 後張民居的前廊構架

在縱向上也是插入柱身的聯繫樑相連，形成構架。在明間，中柱兩側的兩根落地柱縱向間有木構架聯繫。前方縱向聯繫兩根柱子上的樑由於減柱，長8.4米，上有三道枋子。後方聯繫兩根後金柱之間的聯繫枋——壽樑，枋下做內簷裝飾，是當地典型的福壽門。在壽樑和金槫之間，由下而上迭起整排木構，下面是彎枋，上面栱，栱的形制是一斗三升。特別之處在於有兩層彎枋，栱未做成連栱，栱的形制更接近於北方的斗（圖4－23）。

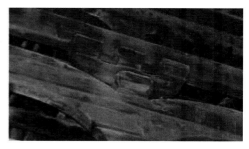

圖4－23 後張民居廳堂看架

4.3.3 羅源縣福湖村「蘭家民居」

羅源縣霍口鄉福湖村，發現了一座拆除一半的房子。像「五魚厝」一樣一字形布局，規模較小，斗栱中的斗是閩東地區罕見的方斗，柱下無柱礎。構架形式與「五魚厝」相似（圖4－24）。前廊下斗栱與華林寺大殿的山面中柱鋪作類似，只有最後一跳爲計心造（圖4－25），其他幾跳均爲偷心造，最後一跳採用計心造的目的是爲了彌補偷心造容易發生位移和扭轉的缺陷。

圖 4－24 廳堂構架

圖 4－25 前廊斗栱

4.3.4　羅源縣鑒江鎮民居

　　羅源縣鑒江鎮居民能清楚說明幾代房屋的位置〔註 24〕。最早的祖屋柱子已經開始傾斜。建築的構架與「五魚厝」類似，只是看架的斗栱與「後張民居」一樣，彎枋上的斗栱沒有做成連栱（見圖 4－26）。前簷的做法類似「五魚厝」（見圖 4－27）。

圖 4－26 鑒江鎮民居廳堂構架

〔註24〕中期的民居是一座兩進院落，最後一進房子斗栱用方斗。

圖4－27 鑒江鎮民居前簷斗栱（右），書院斗栱（左）

4.3.5 羅源縣洋炳李氏民居

圖4－28 羅源縣洋炳民居廳堂構架（左），前廊構架（右）

羅源縣洋炳鄉爲李氏村莊，村民能清楚說明幾代房屋的位置。最晚的民居類似於閩清宏琳厝規模宏大，中期的民居類似於梧桐村的「孔照厝」，而李氏的祖屋（見圖4－28）像「五魚厝」一樣一字形布局，規模較小，斗栱中的斗是閩東地區罕見的方斗。

4.3.6 閩東建築與中原建築相比較

就像梧桐村的祖屋一樣，明朝的房子的規模形制都較小。中國自唐代始，對各階層人的住宅都有嚴格的限制。「關於府第制度，在封建社會裏是非常重視的。自從在周禮、儀禮等書中明文規定禮儀制度以來，統治者們就愈益重視封建社會的整體秩序。園宅逾制的就有罪。但是以往如秦漢等如何詳細規定，未獲明文，不能妄測。到了唐代已是封建社會的昌盛時期，一切設施全有很嚴整的等級差別禮儀制度。建築方面也制定了很嚴格詳細的規定。《唐會要.輿服志》載：「又奏准營繕令，王公以下舍屋不得施重栱藻井。三品以上堂舍不得過五間九架，廳廈兩頭。門屋不得過五間五架。五品以上堂舍不得過五間七架，廳廈兩頭。門屋不得過三間兩架。仍通作烏頭大門。動官各依本

位，六品七品以下堂舍，不得過三間五架，門屋不得過一間兩架。非常參官不得造軸心舍，及施懸魚、對鳳、瓦獸、通栿、乳樑、裝飾，其祖父捨宅門陰，子孫雖廢盡廳依舊居住。」〔註25〕

　　中原地區明代住宅府第保存不多。山東曲阜的孔府是難得的實例。孔府大門在中軸線上，主體建築採用縱向軸線布置重門、重堂，均按照制度所規定的等級建造。這是明代北方官式宅第的習用模式。孔府為孔子後裔的府第。孔子的子孫以遵禮著稱，明朝又十分重視禮制，故孔府既是北方官宅的典範，又具有明早期崇古守制的特色。〔註26〕由於現存孔府經後代多次改建，根據潘谷西主編的《中國古代建築史》（第四卷，元明建築），孔府現狀之中路大門、儀門（重光門）、大堂、穿堂、二堂、三堂、東西兩廂及內宅門和東路的家廟報本堂、迎恩門都屬明構，其中重光門為弘治原物。作為中軸線上的三門三廳，雖然這裡既是禮儀活動的場所，同時還為權力的象徵。但是建築的木構架除儀門有斗栱外，其他都未見斗栱。明代孔府的內宅形制已無法考證，現在保留的是清代光緒十二年火災後重建之物。我們來看一下孔府大堂的明間剖面（見圖 4－29），孔府二堂及穿堂剖面（見圖 4－30）。大木構架採用托樑式，除大堂明間金柱內側施以一跳斗栱與雀替相結合，體現了北方地區崇古守制的特點。

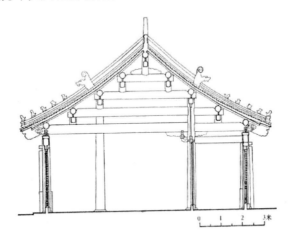

圖 4－29 孔府大堂明間剖面圖

〔註25〕劉致平著，王其明、李乾朗增補，中國居住建築簡史〔M〕，臺北：藝術家出版社，2001，頁 103。

〔註26〕潘谷西主編，中國古代建築史，第四卷〔M〕，北京：中國建築工業出版社，2001，頁 237。

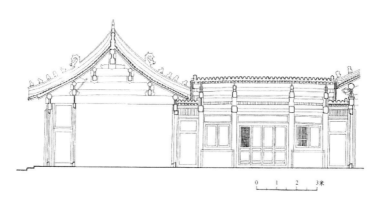

圖 4－30 孔府二堂及穿堂剖面

　　山西晉城下元巷張宅〔註27〕建於明萬曆十年（1582 年）。該宅正廳五間（見圖 4－31），應屬於品官宅第。宅的大門已是清代重建，原貌不詳。正廳單層帶前廊，簷柱高達 4.7 米，內部空間十分高大，兩廂為樓，進深較淺，庭院寬敞。後進為二層的三合院全帶前廊，但很方正，三合院後面有平房十餘間，其規模格局屬明代無疑，該宅正廳前廊額枋等處不但有彩繪，還有華麗的明代雕刻。

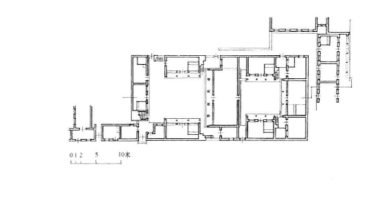

圖 4－31 山西晉城下元巷張宅平面圖（上），剖面圖（下）

〔註27〕潘谷西主編，中國古代建築史，第四卷〔M〕，北京：中國建築工業出版社，
　　　2001，頁 243。

明代中原地區的民居大多嚴格遵循的由等級差別爲基礎的禮儀制度，規模形制都較小。同時由於明代建築技術的發展，直樑型抬樑式木構開始流行，用挑尖樑頭直接承托簷部，斗栱的結構作用下降。從元代開始中原的大木結構分成官方的大式建築和民間的小式建築。斗栱一般只在大式建築木構中才使用，所以中原地區明代住宅府第少見斗栱，在普通住宅中更是少見。在大式建築中，斗栱用材減小，裝飾成分增加。補間鋪作開始增多。同時斗栱多爲計心造。比如建於元代的山西永樂宮的純陽殿。明代閩東地區民居的斗栱繼續採用偷心造，從簷柱直接挑出斗栱，不再使用櫨斗。

閩東地區地處偏遠，明代雖然與中原已經聯繫緊密，但閩東民居的木構沒有跟隨中原發生變化，與中原民居的形式開始分道揚鑣，繼續保持唐宋做法，因此具有了一定的地方特色。

4.4　清代

清朝定都北京，沿用明的都城宮室，未作重大改變。清官式建築即明官式建築的繼續和發展。清頒佈《工程做法則例》，總結了明、清兩朝官式建築的設計規律和特點。簡化樑柱結合方式，斗栱結構減少，退化爲墊托裝飾部分。清式構架類型較少，但標準化程度高，利於大量預製，並保證建築群體統一協調，在技術和藝術上都達到一定水平。清雍正、乾隆兩朝建了大量建築，工期都不長，標準化高起了很大作用。〔註28〕

清代，福建區劃繼承明制。省下轄有福州、興化、泉州、漳州、延平、建寧、邵武、汀州八府及福寧州。另外，清朝還設置管領滿洲駐防旗兵的鎮守將軍，原和地方行政無關，卻兼管海關和糧儲道、鹽法道，遂也成省級官員。福州仍然是福建的政治文化中心，與中原交流較多。

閩東地區中現存的清代民居數量眾多，清代民居佔地面積大，裝飾考究。除了前面梧桐村中的建築類型，還有一種比較獨特的平面形式，幾棟房子連成一體。下面以霍口洋頭里卓氏旗杆厝爲例詳細敘述。霍口洋頭里旗杆厝（圖4－32，33，34，35，36）爲嘉慶年間村人卓全民建造，佔地 1643 平方米，門前豎旗杆碣一對而得名。有主樓（當地稱正厝）與附屬樓（當地稱爲橫厝）各一座，兩座並列相連，正門皆朝東，但屋頂走水方向不同，兩樓中脊互相

〔註28〕傅熹年著，中國古代建築十論〔M〕，上海：復旦大學出版社，2004，頁 15。

垂直。正厝已毀於火，現存橫厝爲一門樓、四廳堂、八書院，全座結構分三部分而又緊密相連。前面門樓是五開間，進深也是五間（當地稱爲「六扇厝」）。中間的「正落」比較特殊，爲兩座房子旋轉90度後並排而立，廳堂不在中心軸線上，而是正對側面。兩座房子均是五開間，進深五間。後面的「後落」也是一個「六扇厝」。所以這四個房子連爲一體，共有四個廳堂面對前後左右四個不同方向，四周圍以封火牆。

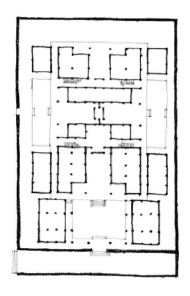

圖4－32 霍口洋頭里卓氏住宅平面圖

圖4－33 門口（左），第一進書院（右）

圖 4－34 門口內外斗栱

圖 4－35 前廳堂看架

圖 4－36 前廊樑架，左為正廳前廊，右是側廳前廊

　　清代延續明代民居的發展趨勢，閩東民居按自己獨特的方向繼續發展。但結構設計大的發展方向與中原地區相同。自宋代構架變化用柱，至元代大內額式減柱結構以來，至清代又恢復規整用柱制度。〔註29〕清代閩東雖然與中原已經聯繫緊密，但因爲偏遠封閉，閩東地區的木構體系仍保留舊制，沒有跟隨中原發生變化，與中原的住宅形式差別越來越大。中原地區民居以抬樑式結構爲主，不再使用斗栱。「清代中原建築則通用三位一體的檁、墊、枋做法。」〔註30〕。大式建築的斗栱結構價值漸趨削弱，用材逐漸減小，形制

〔註29〕　孫大章主編，中國古代建築史，第五卷〔M〕，北京：中國建築工業出版社，2009，頁 400。
〔註30〕　郭黛姮主編，中國古代建築史，第三卷〔M〕，北京：中國建築工業出版社，2009，頁 652。

程式化。絕大部分建築構架內簷不用斗栱。而閩東民居則延續舊法，多用斗栱。當地匠師憑藉長時間積累的經驗減去或縮小結構意義不大的構件；同時因民間對裝飾趣味的要求增高，增加了橽頭、束木等的雕飾分量，特別是斗栱中的斗由方形演變爲圓形，上面有很多花瓣狀雕刻。因此形成了閩東地區民居大木作鮮明的地方特色。

4.5 民國和新中國後

民國和新中國後才出現土木結構的建築，多爲 3 開間、5 開間的單層瓦房，外牆使用塊石砌築，中間用木柱支承。磚石結構是民國始有。以羅源縣爲例「新中國成立後，生活水平提高，居民爲改善居住條件開始擴建、新建住宅，1952～1959 年新增住宅面積 19.4 萬平方米。60 年代初，農村經濟困難，基本無建房。60 年代中期農區經濟好轉，住宅建築面積逐漸增加。50 年代初至 60 年代中期。農村私人住宅建築仍以木和土木兩種結構爲主，建築構式多爲 4 扇。60 年代末，平原、沿海多用石木結構，即外牆使用『二五』石（寬、高均爲 25 釐米）砌構，樓上建木走廊。70 年代中期，私人住宅的建築構式也開始擺脫原有舊套……開始出現一字型排列建築」〔註31〕。

民國和新中國後，房子的規模形制都較小。我想這是由於兩方面原因造成。一是中國連年的戰亂，這些偏遠山村也不能幸免。二是因爲家庭結構發生變化，少有清代那樣的大家族一起生活。因此後來在民國年間和建國後建的房子，少有那種適合家族聚居的傳統大院落，多爲單門獨戶的小型住宅。房子的形式多樣化，但一直到 20 世紀 90 年代，鄉村的住宅的主要構架仍以木構爲主，多是 3 開間、5 開間。構架形式與清代類似，只是木構上的裝飾比較簡樸。

4.6 本章小結

「福建地處偏遠，地理閉塞，自宋以後受北方文化影響較少，所以閩海系的社會文化中保留了百越、秦漢、南北朝、唐宋四個歷史層次」〔註32〕。閩文化，它既保存著距今 2200 多年閩越族時期遺留下來的傳統文化與文化特

〔註31〕羅源地方志編纂委員會編，羅源縣志〔M〕，北京：方志出版社，1998，頁 508。
〔註32〕鄧曉華著，人類文化語言學〔M〕，福建：廈門大學出版社，1993，頁 212。

徵，同時融入漢民族主流文化的範疇裏。閩文化的特徵是碎片狀，多層次。
既沒有強有力的閩越族特徵，也沒有完全被中原文化同化。何綿山在《閩文
化概論》中分析其形成原因：「一來外來文化相繼進入福建時間極為漫長，甚
至福建還是土著民族時代就已開始，因此本地文化無法形成一種凝聚力。二
是進入福建的文化成分極為複雜，五花八門，即使中原文化，差異也很大。……
三是福建地勢複雜，即被稱為『東南山國』、又被稱為『閩海雄風』。一方面
山區極為閉塞，甚至『不知有漢，無論魏晉』；另一方面海港船隻遠航，常領
風氣之先。交通的不便和文化的差異，都極大地限制了文化的交流。」〔註33〕
閩東作為閩海系的一個亞系，閩東地區又是福建最重要的一部分，閩東文化
同樣具備上述特點。閩東地區，三面環山，一面臨海，相對封閉。任何文化
到了閩東地區都沒有征服力可言，都無絕對的優勢。雖然自漢代成立閩越國
開始，中原的漢文化與當地的文化已經有了交流，但是仍保留比較獨特的習
俗，從古至今鄉土意識較強。閩東文化是與中原文化既相通，又沒有完全交
融的一種地域性文化。因此閩東民居的大木作具有自己的鮮明特色。

　　「福建的地方戲中保留著一些宋元南戲的劇目，一些古本和古曲在國內
其他劇種中早已絕響，而唯獨在福建可以聽到它的遺音。」〔註34〕從唐、宋、
元、再到明和清，閩東民居也一樣保留一些現已消失的唐宋做法。就像拉普
卜特（Amos Raoport）在《house form and culture》書中分析：民居形式是自
然選擇與社會選擇共同作用。閩東居民祖宗多來自中原，閩東文化是中原文
化的延續和發展，因此閩東民居在型制上，與中原地區民居相比有相同之處；
同時由於與中原不同的自然地理環境，閩東民居又有獨特之處。不同的氣候
與植被要素、地理與水文條件都會影響當地的生存方式和文化風俗，同樣也
會作用於民居的形式。

　　閩東民居保留著唐宋中原建築的特徵，而明清時期受中原地區建築影響
較小的另一原因與民系的形成時間有關。東南有五大民系——廣府系、閩海
系、越海系、客家系、湘粵系。余英在《中國東南系建築區系類型研究》〔註
35〕中依據東南地區的開發和各郡縣的設置及年代戶口統計，大致確認：越海

〔註33〕何綿山著，閩文化概論〔M〕，北京：北京大學出版社，1996，頁 11－12。
〔註34〕何綿山著，閩文化概論〔M〕，北京：北京大學出版社，1996，頁 3。
〔註35〕余英著，中國東南系建築區系類型研究〔M〕，北京：中國建築工業出版社，
　　　2001，頁 55。

系形成於南北朝；湘粵系與廣府系形成於唐代；閩海系形成於五代；客家系形成於晚唐五代至宋初。閩東屬於閩海系最主要的一部分。閩海系形成於王審知稱王入閩時期，王審知定都福州。吳松弟在博士論文《北方移民與南宋社會變遷》中論及南宋福建的移民狀況（即福建的第四次移民高潮）「移民經海、陸兩路入閩，沿海港市福州和泉州、居江西入福建大道的邵武軍（今邵武）、建州（後改名建寧府、今建甌）、汀州都是移民較多的府州。福州是福建移民較多的州。」〔註36〕「移民的增多促進了城市的發展。今福州市橋南三叉街十錦里舊稱藤山，〔唐末宋初居民鮮少。趙宋南渡以後，避亂者漸次遷藤，至元朝始成村落。〕〔註37〕」移民定居後很少再向外遷。南宋之後，閩東社會相對穩定，人口變動較少，同時由於地理環境較封閉，南宋以後閩東木構受中原影響較小，依然保留古法，因而與中原民居的形制迥然不同。

《營造法式》一書將宋代的大木構架類型分爲殿堂建築、廳堂建築、余屋建築、樓閣建築四種。其中「殿堂式」用於大型建築，特別是大式建築，之後繼續演變成清代之抬樑式構架；「廳堂式」用於小型建築，以後似被民間所沿用。五代時的華林寺大殿採用的廳堂式中的「八架椽屋前後乳栿用四柱」，到明代羅源後張民居減柱結構，明間與華林寺大殿類似，其他開間與清代民居一樣多棵柱子落地，規整的用柱制度，形式嚴整。今天已無法見到我們唐代民居，劉致平先生在《中國居住建築簡史》中曾推斷唐代第宅結構「開間寬大，柱高不過間廣，出簷深遠，懸山博縫板有懸魚惹草（後來見於宋《營造法式》），山面柱上用月樑蜀柱，上用坐斗。金柱中柱不直接上承檁枋。柱腳用干闌式構造，地板離地面高」〔註38〕由此可見，閩東民居比中原民居保留更多的古法。閩東人一直熱衷於裝飾房屋，宋代有文獻就記載福州人「人以居室鉅麗相矜，雖下貧必豐其居。〔《曾鞏集》卷19《道山亭記》〕」〔註39〕，隨著閩東地區經濟的發展，木構的裝飾需求越來越高。結構的發展、傳統的承傳，再加上裝飾的增加——這幾個因素共同作用，逐步形成了閩東地區民居大木作鮮明的地方特色。

〔註36〕吳松弟著，北方移民與南宋社會變遷〔M〕，臺灣：文津出版社，1993，頁67。
〔註37〕吳松弟著，北方移民與南宋社會變遷〔M〕，臺灣：文津出版社，1993，頁67。
〔註38〕劉致平著，王其明、李乾朗增補，中國居住建築簡史〔M〕，臺北：藝術家出版社，2001，頁104。
〔註39〕程民生著，宋代地域文化〔M〕，河南：河南大學出版社，2005，頁14。

第5章 閩東傳統民居大木作的橫向比較

　　梧桐村的大木作與閩東其他地區的大木作是否相同？閩東的大木作與閩南民居、臺灣民居、粵東民居有相似的地方，獨特之處在哪裏？閩東的大木作與《營造法式》、清工部《工程做法則例》中介紹的大木作技術是什麼關係？閩東的大木作與北方民居，江南民居不同之處在哪裏？本章通過一系列比較，使閩東大木作的特點更加明晰。

5.1 閩東民居內部比較

5.1.1 城鄉差別

　　位於福州市鼓樓區宮巷 11 號的沈葆楨故居〔註1〕，建於明天啓年間，清同治年間沈葆楨購置後加以修整。該宅坐北朝南，由中軸對稱的正座與西側的跨院花廳組成，面積約 1500 平方米。前後五進，每進均有牆分隔，廳前爲天井，左右爲披榭或迴廊（見圖 5－1）。

　　前院是完整的四合院，寬 13 米，五開間，進深 17 米。中間三開間爲大廳，稱「抗樑廳」，空間高大敞亮。兩側穿斗構架間，鑲以楠木板，配飾掛屏。後院共三進。第一進、第二進結構相同，均爲單層七柱五開間（圖 5－2），中間爲廳堂，由屏風隔成前後廳，每進左右各有 4 間廂房。

〔註1〕資料來源：戴志堅著，福建民居〔M〕，北京：中國建築工業出版社，2009，頁 179。

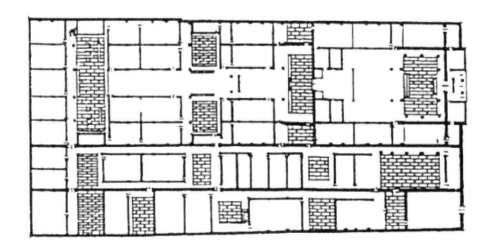

圖 5－1 福州宮巷 11 號的沈葆楨故居平面

圖 5－2 福州宮巷 11 號的沈葆楨故居剖面

　　無論城市還是鄉村，閩東民居建築的平面布局相似，中間的廳堂均是由屏門隔成前後廳。鄉村房舍與城市中的普通民居的前廳一層，後廳兩層；福州三坊七巷中官紳人家的宅居則不同。因爲是多進院落，前面建築的前後廳通常爲一層，只有最後一進爲二層。次間分爲前後兩間，鄉村房舍二層的層高較矮，通常作儲藏間使用；福州的官宅的二層的層高較高，則可以正常使用。城市中由於用地緊張，建築的平面較緊湊規整，建築的總面寬也小於鄉村房舍；而鄉村房舍建築的平面組合較爲隨意。構架的形制基本相同，但是裝飾風格，用材尺度不同（圖 5－3 上）。鄉村房舍的用材幾乎是原木，比較隨意。城市的官宅大木作的樑枋比較嚴謹，用材較大，斷面扁方的「扁作」做法（圖 5－3 下），樑棟有時會塗朱描金，裝飾更加精美。

圖 5－3 福州三坊七巷王麟故居構架（上），謝家祠堂前廊構架（下）

5.1.2 氣候差別

　　鑒江鎮位於羅源縣城東部，緊臨海邊，與霞浦東沖半島隔海相望，水路交通發達，是羅源東部魚、鹽交易重鎮。明洪武年間（1368～1398 年）築土堡，周長 900 多米，清道光年間已屯聚千餘家。

　　鑒江鎮民居的外牆材料與梧桐村不同。外牆使用三合土包築，牆心為一般黏土。三合土是用黃土、沙、殼灰混合而成，有的外牆還能看見貝殼的碎片（圖 5－4）。而大木構架與梧桐村形制基本相同，因為海風大，建築的層高比梧桐村低（圖 5－5，圖 5－6）。

圖 5－4 牆面材料

圖 5－5 廳堂構架

圖 5－6 前廊構架

5.1.3 民族差別

　　閩東山區分佈著一些畬族聚集地，並保存著不少有畬族特色的古民居，其中保存最完整的當屬羅源縣霍口福湖村。福湖畬族村屬於霍口畬族鄉，霍口畬族鄉位於羅源縣城西南部，福州、閩侯、古田、羅源等市縣交界處，古爲木竹集散地。這個目前人口不足 700 人的畬族村，竟藏著 8 處清代古建築群，特別是雷家大院和蘭家大院爲代表的建築群氣勢磅礴，內部裝飾有大量精美的建築細部雕飾。

　　佘族一些依山傍溪的村居有獨特的「高腳厝」，但數量很少。福湖只保留有一棟「高腳厝」。高腳厝爲二層木樓，下層以若干杉木柱作爲支架，形如高腳，既可防洪，又可避蟲蛇，下層往往用竹籬圈圍，四面透風。羅源縣的佘族民居則是兩層樓的一字形平面，也是中軸對稱，中廳高兩層，空間開敞，樓前設前廊，第二層兩側及背面挑出迴廊，空間開敞。其平面布局特殊之處還在於，其次間與梢間離開一米多，形成前後穿通的「夾廊」，次間、梢間的前後臥室都對夾廊開門，大大改善了臥室之間的聯繫。

　　佘族的建築大多採用了漢族的合院形式，平面更自由一些。比如「蘭家大院」的入口就在院子一角，而閩東漢族民居院落的入口大多都在中軸線上。房屋的構架形式與梧桐村一模一樣，唯有裝飾元素不同。在明間，後方聯繫兩根後金柱之間的聯繫枋——壽樑，枋下做內簷裝飾，與漢族一樣是福壽門。在壽樑和金檁之間，由下而上迭起整排木構，下面是彎枋，上面連栱。栱的形制是一斗三升。這些都與漢族的房子相同（圖 5-7）。只是在壽樑下有木隔扇，上面有萬字圖案（圖 5-8）。

圖 5-7 廳堂構架（上左），前廊構架（上右）
書院挑簷（下左），正房挑簷（下右）

圖 5-8 福湖佘族民居細部

5.2 相似民居比較

5.2.1 閩南與臺灣民居

閩南指今漳州市、廈門市，泉州市及龍沿市的漳平、龍巖部分地區。最早的移民來自三國时期，孫氏政權先在晉江口設東安縣（後改南安），訓練水兵。後從唐代到宋元時代，海運越來越發達。到元代，泉州船運和營商規模不但超過廣州成爲全國最大的港口，而且成了世界大港。閩南地區比閩東受海洋文化的影響更多。閩南紅磚民居與後來傳入臺灣的臺灣民居，如兄弟般相像，這裡一起來比較。

蔡氏古民居（圖5-9、10、11），位於福建省南安市官橋鎮漳里村，蔡氏古民居建築群主要由蔡啓昌及其子蔡資深於清同治年間至宣統三年興建。現存較爲完整的宅第共16座，是第五批公佈的全國重點文物保護單位。建築多爲插樑式木結構，主體建築爲硬山燕尾脊五開間大厝，左右爲卷棚式廂屋，單體建築多爲三進或二進五開間的布局。前後座之間鋪寬10多米的石埕，山牆之間有2米寬的防火通道。建築物中多有晚清文人的各種題詞。

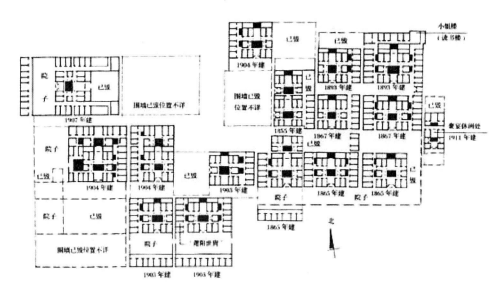

圖5-9 福建省南安市官橋蔡氏古民居總平面圖

圖 5－10 蔡氏古民居外觀

圖 5－11 蔡氏古民居細部

　　臺北的周宅（見圖 5－12）建於 19 世紀下半葉，因適應城市用地的要求，平面極端緊湊。

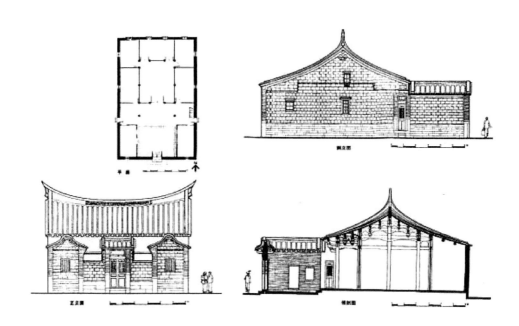

圖 5－12 周宅

　　由上面的例子可見：閩南地區的基本木構架（圖 5－13）與閩東相同。但是閩南各地有些地區特點，比如晉江的花籃垂柱頭、潮州的鉸打疊斗等。閩南氣候潮濕，多以石柱代替木柱。因爲石材開榫不易，早期只是將柱子分成兩段，下石而上木。大體而言，時代愈晚，下段的石柱所佔比例愈高；清代晚期，木構架中已出現全石的柱子，用於通樑或櫨斗之下。柱子的斷面形式除去圓形、正方形，還有八邊形、十六邊形。閩南地區稱束木爲「束仔」，在束仔下通常施一雕花板，稱「束隨」或者「束巾」。在閩東民居中很少見到「束隨」、「束巾」這個裝飾構件。「福建各個地區都有自己的戲，很難說哪一種戲最能代表福建，除流行於各城市的閩劇、蒲仙戲、梨園戲、高甲戲、薌劇這五大劇種外，還有二十多個大小劇種流行於各山區沿海，僅今日可查的地方劇目就多達一萬五千個，故有地方劇省之稱。」〔註 2〕福建的民居如同地方戲一樣，各地有各地的特色。

〔註 2〕何綿山著，閩文化概論〔M〕，北京：北京大學出版社，1996，頁 13。

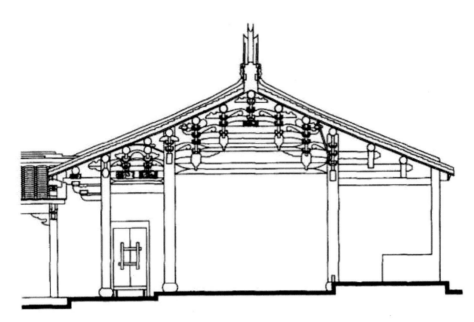

圖 5－13 閩南民居的典型木構架

5.2.2 粵東民居

　　粵東帶護厝的房子在潮汕一帶很流行，其中最為典型的是潮州許駙馬府。「許駙馬府平面複雜。主體建築為五開間，既有護厝，又有後包。主體的基本單元是三過間。」〔註3〕

　　許府的大木結構介於北方的抬樑式與閩東的插樑式之間。主要構架中落地的柱子數量少於閩東民居，比如許府的兩個廳分別有 6 根柱子，5 根柱子落地；而相似規模的閩東民居基本上是 9 根柱子落地。因為檁的數量基本相同，所以瓜柱的數量要多於閩東民居。粵東因為地處亞熱帶，故十分重視遮蔭與納涼。許府與閩東民居相比，院子的進深較小，廊子的出簷也較小。因此許府的簷部只用一跳插栱，或者是用雀替；而閩東出簷多採用多跳插栱，使出簷深遠。一些構件的形狀和裝飾也不同，「在嶺南建築中，明間的這根樑多做成如江南蘇州地區貢式廳所用的挖底削肩的弓形樑，稱作「看樑」，猶如一些廣式家具中的橫樑（羅鍋根），看樑不唯明間使用，左右次間亦用之，一望而知粵地傳統建築的特色。」〔註4〕

〔註3〕潘谷西主編，中國古代建築史，第四卷〔M〕，北京：中國建築工業出版社，2009，頁296。
〔註4〕曹春平著，閩南傳統建築〔M〕，福建：廈門大學出版社，2006，頁53。

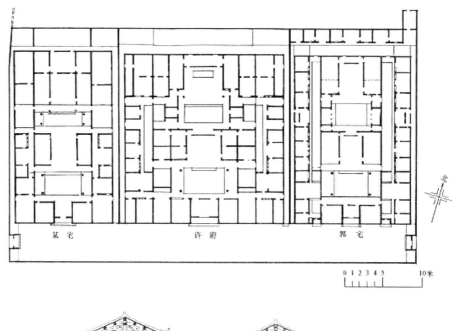

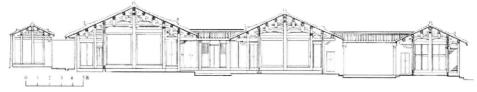

圖 5−14 潮州許駙馬府平面（上），剖面（下）

5.2.3 與《營造法式》比較

　　《營造法式》編於熙寧年間（1068～1077 年），成書於元符三年（1100年），刊行於宋崇寧二年（1103 年），由李誡編著成書，是北宋官方頒佈的一部建築設計、施工的規範書，這是我國古代最完整的建築技術書籍。全書共分 34 卷，分爲 5 個部分：釋名、各作制度、功限、料例和圖樣。用 13 卷的篇幅列舉了各種工程的制度包括壕寨、石作、大木作、小木作、雕作、磚作、窯作等 13 種 1677 項工程的尺度標準以及基本操作要領。《營造法式》中提出了一整套木構架建築的模數制設計方法，並提供了珍貴的建築圖樣；提出以材作爲建築度量衡的標準。

　　福州五代建築華林寺大殿當心間左右兩縫樑架接近於《營造法式》廳堂圖中的「八架椽屋前後乳栿用四柱」。梭柱、月樑、版壁隔斷等都是《營造法式》中提到的宋代舊法。華林寺大殿內外柱均爲梭柱，柱下部三分之一處直

徑最大，向上向下逐漸卷殺，至柱頂緊收如覆盆狀。華林寺外簷鋪作中的昂起斜樑的作用，與《營造法式》中大木作圖樣殿堂側樣圖中的副階的斜樑相似（圖 5－15）。宋代後，閩東民居繼續延續《營造法式》中大木架的廳堂式結構，內柱不同高，大樑不得不插入柱身，乳栿栱和劄牽的樑尾皆是插入柱身，形成閩東獨有大木作獨有風格。

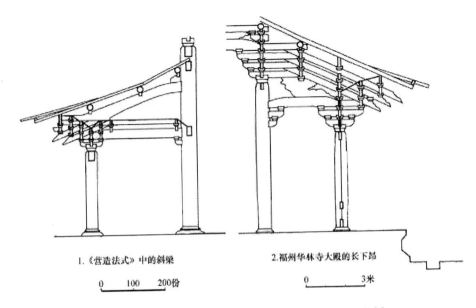

1. 《营造法式》中的斜梁
0　　100　　200份

2. 福州华林寺大殿的长下昂
0　　　　3米

圖 5－15《營造法式》斜樑與華林寺下昂比較

5.2.4 小結

　　閩南地區、臺灣地區、粵東地區和閩東地區在歷史上都同屬於閩越族，有相似的文化，加上屬於相同的行政區，所以民居結構類似，都是延續《營造法式》中的舊法，形成以插樑式大木結構為基準的做法。只是節點構造，比例尺寸，裝飾手法不同，顯出地方特色。

5.3　不同民居比較

5.3.1 與江南民居的比較

　　這裡的江南民居是指太湖流域蘇浙民居。江南做法的中心地帶是蘇州，但無錫、常州、南京、上海以及浙北的杭州、湖州等地亦通用此法。江南民

居在明朝後，與北方民居和閩粵民居沿著不同的發展方向。江南的木構分爲兩種，一種是月樑型抬樑式木構，是繼承宋《營造法式》中的官式做法。例如常熟彩衣堂（圖5－16上）。另一種則是直樑型抬樑式木構，用於小式建築，與北方的直樑型木構很相似，但「仍存斗栱、梭形瓜柱等遺痕，樑皆圓作，部分樑頭用變形的斜項」，例如江蘇常州保和堂（圖5－16下）。

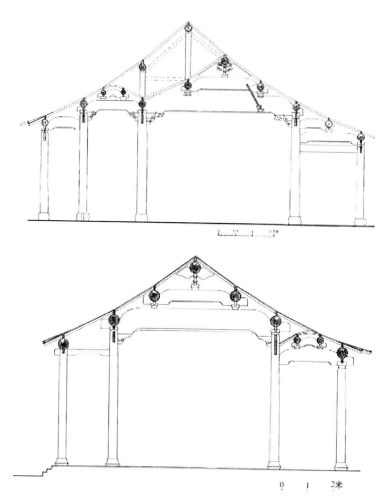

圖5－16彩衣堂橫剖面圖（上），江蘇常州保和堂明間橫剖面圖（下）

1）胡雪巖故居

胡雪巖故居是浙江晚清私家豪宅的典型代表，始建於清同治十一年（1872年），至光緒元年（1875年）完工。胡府佔地面具10.8畝，約7230平方米，

建築面積 5815 平方米，其內建樓 13 座。〔註5〕胡雪巖故居歷盡滄桑，一些房子毀壞嚴重，一些房子已被拆毀。1999 年修復前，基本完整的建築只有門樓、轎廳、照廳、新七間、老七間、下房、破房、小廚房、花廳四這 9 組建築。轎廳、照廳格局完整，是典型的浙江民居院落，在此以其為例研究浙江民居大木作的特點。

轎廳〔註6〕面闊五間，通寬 17.82 米，通進深 10.97 米。明間寬 4.22 米，次間寬 4 米，梢間寬 2.55 米。轎廳全部採用銀杏木材建造，共用柱 26 根，其前簷 6 根為方形，四轉角採用木角線形式，其餘均為圓形。樑架採用五架樑，前後作軒廊，軒頂用望磚。五架樑的外形為長方形式，上刻人物花卉。樑架上置荷葉橔承置月樑。明、次間每榀樑架在荷葉橔的左右兩側出栱兩翹，上托金枋。兩側山牆採用山柱。轎廳各部位額枋、牛腿均雕刻人物、花草等圖案（圖 5－17）。

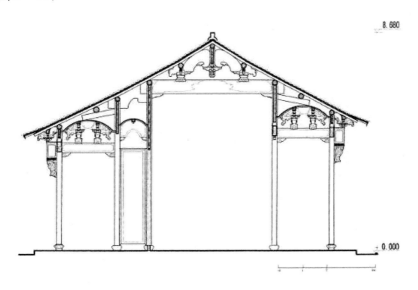

圖 5－17 轎廳剖面

照廳〔註7〕與正廳相對，面闊五間，兩梢間作廊，實際作三間使用。通面寬 15.17 米，明間尤寬，達到 5.67 米，次間寬 4.75 米，進深一間，為 3.5 米。照廳梢間作廊，與正廳前左右兩廊相接，廊寬 2.35 米，照廳後簷柱為方形。

〔註5〕高念華著，胡雪巖故居修復研究〔M〕，北京：文物出版社，2002，頁45。
〔註6〕高念華著，胡雪巖故居修復研究〔M〕，北京：文物出版社，2002，頁95。
〔註7〕高念華著，胡雪巖故居修復研究〔M〕，北京：文物出版社，2002，頁101。

前簷上部裝橫披，橫批下除明間爲落地長窗外，兩次間裝半窗和檻板牆。照
廳爲單坡屋面，樑架作四架斜抬部，與屋面構成銳角形。其下爲軒棚頂，該
頂分爲內外兩軒。內軒高於外軒，里昂軒之間作垂蓮柱。內軒的雙步廊下作
雀替，樑上置柁橔，其上托軒樑。柁橔上作斗栱一翹，昂爲象鼻形。昂上作
小斗與楓栱，樑上置船篷三彎橡，上鋪望磚（圖5－18）。

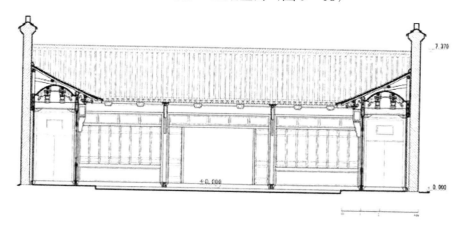

圖5－18 照廳立面

2）《營造法原》

　　《營造法原》記述中國江南地區古建築營造做法的專著。由清末蘇州香山
人姚承祖編著。全書按各部位做法，系統地闡述了江南傳統建築的型制、構造、
配料、工限等內容。該書共分十六章，包括有地面、木作、裝折、石作、牆垣、
屋面以及工限、園林、雜俎等營造做法。其主要篇幅爲大木。江南地區大木構
架，按照建築性質分爲三種類型：即平房結構、廳堂結構、殿堂結構。「廳堂構
架仍爲抬樑式構架，雖然進深較深，但用了簷柱、步柱、金柱等，故進深樑跨
最大仍不過五架。這種構架的特點在於用料斷面形式，復水重椽式的內天花及
豐富的雕飾三方面。按樑枋斷面形式可分爲扁作廳及圓作廳兩類。扁作即露明
樑架，用料矩形，圓堂廳的樑架爲原木，還有一種做法將扁作大樑作成折線弓
形的月樑形式，稱爲貢式廳，可算作扁作的變體」，「其做法就是將整體屋架分
爲草架與正架，草架形成外屋面，做出起脊、分坡以便排水，正架按內部空間
所需要的頂式設計，另增設一部分椽子望磚」〔註8〕。

─────────────

〔註 8〕孫大章主編，中國古代建築史，第五卷〔M〕，北京：中國建築工業出版社，
　　　2009，頁405。

3）小結

江南大木構的廳堂結構是介於北方民居和閩東民居之間的一種木構，其採用類似於北方民居的抬樑式，但比北方民居多裝飾。如《營造法原》中的廳堂結構，多有草架和正架。正架裝飾精美，最有趣味的是位於前廊的天花，多以各式彎椽做成天花頂棚，彎椽形狀各異，比閩東民居的前廊形式豐富。而且正架往往附加雕飾，如樑頭、托樑斗栱、樑墊等處；又如扁作廳大樑及三界樑作爲月樑形式，樑面淺刻花飾等。

與閩東民居的出簷、出挑處理也不同。閩東民居前簷多利用斗栱，後簷多利用延長檁形成「硬挑」。江南民居的出簷、出挑是多利用挑枋、撐等結構，並進行適當的藝術加工。「根據撐的圓直趨勢，處理成竹節、卷草、靈芝、雲卷等自然紋樣。對挑枋表面進行雕飾。」〔註9〕（圖5－19）

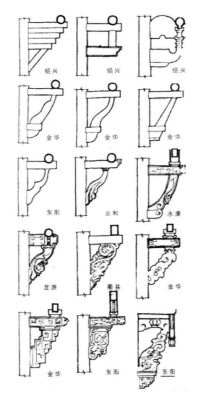

圖5－19 江南民居的出簷形式

〔註9〕建築歷史研究所著，浙江民居〔M〕，北京：中國建築工業出版社，2007，頁195。

5.3.2 與徽州民居的比較

我們看一下黃山附近的徽州民居。徽州，簡稱「徽」，古稱歙州，又名新安，後改歙州爲徽州，從此歷宋元明清四代，統一府六縣（歙縣、黟縣、休寧、婺源、績溪、祁門）。明清時期徽商稱雄中國商界 500 餘年，有「徽商遍天下」之說。徽州地處黃山山脈，新安江蜿蜒其間。區內地形以丘陵爲主。徽州屬於北亞熱帶，是濕潤性季風氣候，具有溫和多雨，四季分明的特徵。

舊時徽州城鄉住宅，多爲一明兩暗的三間屋和一明四暗的四合屋。一屋多進。大門飾以山水人物石雕磚刻。門樓重簷飛角，各進皆開天井，通風透光，雨水有組織流入院內，俗稱「四水歸堂」，意爲「財不外流」。各進之間有隔牆，四周高築馬頭牆。一般是一個家庭之系住一進，中門關閉，各家獨戶過日子。中門打開，一個大門進出祭奠先人。人們一般把樓上作爲日常生活的主要棲息之處。樓上廳屋一般都比較寬敞，有廳堂、臥室和廂房，沿天井還設有「美人靠」。這有兩個原因：一是徽州山區氣候濕潤，樓上乾燥；一是徽州用地狹小，天井進深小，首層較暗，二層採光較好。

徽州民居的樑架較樸素的做法是用穿斗式，琴面月樑。較大型華麗的住宅樑架是抬樑或插樑式。樑多是斷面圓形的月樑，俗稱「冬瓜樑」，樑端側面都有雕刻；早期較圓，明末已近扁方。我們選取徽州建築的享堂爲例（圖 5－20）。「享堂亦曰祭堂，是祭祖時舉行儀式及眾族團聚之所，作爲祠堂的主體建築，其用料、斗栱、裝飾的等級都是最高的。」〔註 10〕徽州享堂元明早期因爲祭神主世數較少，僅限於四代，所以參與儀式的人數較少，儀式在室內舉行，前庭較爲狹小。後來清代由於族眾的繁衍，人數增加，前庭的進深不斷增加。「前廊也成了享堂的重點裝飾對象。如歙縣金村許氏支祠、黟縣美溪李氏祠堂、萬村許氏祠堂享堂前廊的補間鋪作都用上昂承托小月樑、檁條，並用楓栱裝飾；美溪李氏祠堂、金村許氏支祠享堂前廊上的蜀柱作瓜楞狀。萬村韓祠、溪頭三槐堂還用精美剔透，很有裝飾性。」〔註 11〕

〔註10〕潘谷西主編，中國古代建築史，第四卷〔M〕，北京：中國建築工業出版社，2009，頁 170。

〔註11〕潘谷西主編，中國古代建築史，第四卷〔M〕，北京：中國建築工業出版社，2009，頁 171。

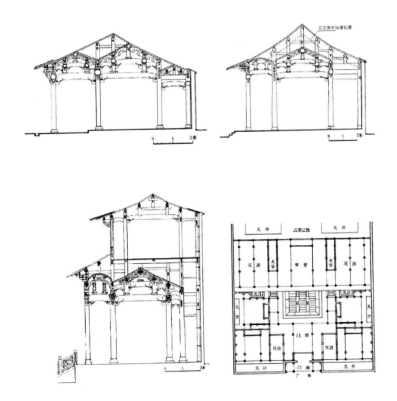

圖 5－20 徽州民居剖面圖

　　徽州民居，因為人稠地狹，用地較閩東地區狹小，所以庭院與房子的進深都比閩東民居小。瓜柱之間也有束木相連，束木是裝飾的重點之一，上面的花紋繁複，而閩東地區的束木的造型簡單有力，一般僅在束尾有圖案裝飾。徽州民居的一些構件，如平盤斗、鷹嘴（脊瓜柱下端）、彎形單步樑（仍是月樑形式）、叉手等的做法都富於地方特色。徽州民居廊子的出簷也較小，因此其簷部只用一跳或兩跳斗栱，很多用雀替；而閩東出簷多採用多跳插栱。徽派民居前廊的屋頂為了美觀多有兩層椽子。前廊上屋頂的形式較多。椽子的形式各異：有雙坡式、弧線型、還有三彎椽，上面多鋪望磚；而閩東民居多為弧線形椽子，形式較單一。徽商經濟實力雄厚，所以徽派民居裝飾多用圓雕，一些還是鏤空雕刻，比閩東地區裝飾更為華麗繁瑣；閩東地區僅在重點位置裝飾，而徽州民居裝飾的範圍更大。很多樓上的欄杆上都有雕刻，這些在廳中無法欣賞，主要起到向客人炫富的作用。閩東民居的裝飾則與構架、構件的功能緊密相連，少有純裝飾構件，只在重點部位裝飾，繁簡相宜。

5.3.3 與北方民居的比較

1）北京的四合院

1151 年金代北京作為陪都，正式作為都城之始。1215 年元滅金，建立元大都，成為明清北京內城的前身。明成祖永樂元年（1403 年）稱順天府。永樂十九年，明成祖定都北京後稱京師，這之後從清代到 1949 年成為中華人民共和國首都。北京一直是中國的政治文化中心。明、清時期在北京城內興建最多的民居就是四合院。四合院在建築形制、建築技術與藝術方面都取得了很高的成就。

北京四合院分佈在胡同中，而胡同是元大都規劃的產物。元大都是一座新建的城市，街道橫平豎直，整齊如棋盤。主乾道是南北走向的大街；絕大多數的胡同是位於兩街之間，東西走向平行排列。胡同的寬度及胡同與胡同之間的距離基本上是一致的，兩條胡同之間的地皮就是四合院的基地所在。明、清時期，北京的主要街道與胡同和元大都時相比變化不大。

北京的四合院是中原地區民居的代表。早在 3100 多年前的西周時期，已有了完整的四合院式建築（見圖 5－21），這是陝西扶風鳳雛村的四合院遺址復原圖。

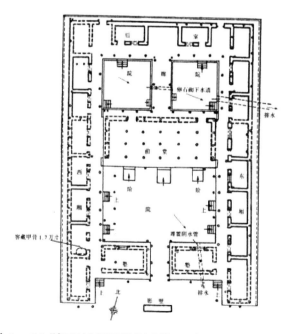

圖 5－21 陝西扶風鳳雛村的四合院遺址復原圖

　　陸元鼎主編的《中國民居建築》中詳細介紹了四合院的組成原則。「北京
四合院是由大門、影壁、屏門、倒座房、垂花門、正房、耳房、廂房、群房、
廊子、圍牆等單體建築，依照一定原則，圍成院落組成的。它的組成原則是
依一條主軸線（多數是南北走向的），把正房放在主軸線的適當位置，在正房
前留出院子的寬度，左右對稱地布置互相面對的東西廂房。在兩邊廂房的南
側建一堵牆。牆的中點，也就是中軸線上開一座二門，有的做成垂花門。這
樣就組成了四合院的主院。沿胡同設大門及倒座房，組成四合院的第一進院。
在正房後面布置一排房子叫後罩房。倒座房和後罩房是四合院的前後邊界。
視基地進深的大小，也可建一個以廳為主的院落。大的四合院附有群房、跨
院，甚至可以有幾條軸線並列。房屋眾多，庭院深深，有的還附有精美的花
園〔註12〕」（見圖 5－22）。

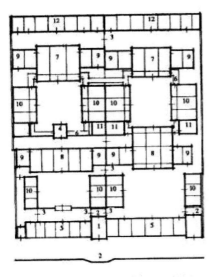 

1. 大門　2. 影壁　3. 屏門　4. 垂花門　5. 倒座房
6. 廊　7. 正房　8. 廳房　9. 耳房　10. 廂房
11. 蓋頂　12. 后罩房

圖 5－22 北京四合院平面圖（左），鳥瞰圖（右）

　　北京四合院建築的木構架是北方地區典型的抬樑式結構。（見圖 5－23）
「以橫、縱向柱子組成的柱網為基礎，每一縱向軸線為一榀屋架。每榀樑架
構成為：前後簷柱支撐大樑，大樑上設置瓜柱，瓜柱承托上部的二樑。如此
類推，至最上層樑正中立脊瓜柱，上托脊檁。每榀樑架間以檁、板、枋拉結，

〔註12〕陸元鼎主編，中國民居建築〔M〕，廣東：華南理工大學出版社，2003，頁 225。

再於檁與檁之間鋪釘望板，布置飛椽與簷椽，承托瓦面，形成穩定的大木結構。」〔註13〕

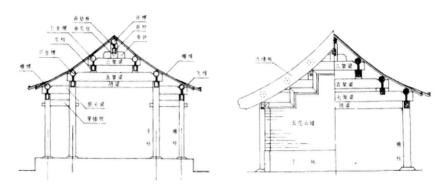

圖 5-23 七檁硬山剖面（左），懸山建築山面及剖面（右）

2）清工部《工程做法則例》

清工部《工程做法則例》雍正十二年（1734 年）清政府爲了便於審查各地官工做法，由工部制定頒佈了一本工程技術書。該書內容比較全面地反映了清代初年宮廷建築的工程及裝飾技藝及諸多方面，是瞭解清代建築的重要文獻。本書整理了明清以來工程各作的標準做法，起到了階段總結的作用。

《工程做法則例》確定了屋架的舉架（宋代稱舉折）法，形成清代較陡的屋面坡度的基本數據。書中將大木方面分爲大式小式。無斗栱的建築數量日益增多，27 例大木中則有 14 例這類建築〔註14〕。其既用於宮廷，同時也是京郊與華北一帶民間的木構形制。北方民居多採用這種小式建築。而閩東受此影響很小。但也有一些相同的變化趨勢，比如大木柱網布列趨於規整。閩東民居從清代開始，也少有減柱做法。

3）小結

閩東地區與北方民居的構架迥異。北方民居採用抬樑式構架，閩東民居採用插樑式構架。孫大章先生在《中國民居研究》中曾經分析過其這種差異形成的原因：北方抬樑式「構架的木構件之間沒有受力榫卯，但在厚重的屋頂荷載重壓之下，各構件緊連在一起，可形成穩定的整體。」〔註15〕而南方

〔註13〕業祖潤著，北京民居〔M〕，北京：中國建築工業出版社，2009，頁 166。
〔註14〕孫大章主編，中國古代建築史，第五卷〔M〕，北京：中國建築工業出版社，2009，頁 400。
〔註15〕孫大章著，中國民居研究〔M〕，北京：中國建築工業出版社，2004，頁 305。

屋頂載重小，必須用榫卯相連，所以發展了《營造法式》中插樑式構架的古法。屋頂的坡度閩東民居也比北方民居平緩。閩東地區降水量大，多颱風，所以挑簷深遠。由於功能需求不同，閩東民居與北方民居的簷口形式迥異。北方民居的簷口做法多是簷椽加飛椽，飛椽的長度「簷不過步」，一般占出簷的 1／3。而閩東民居挑簷一般都簷大於步。常見的做法是：前簷是從簷柱伸出幾跳「插栱」，最上面的一跳延長直接承托挑簷木，形式舒展優美。後簷則是直接由樑延長伸出硬挑，不加任何裝飾。北方大式建築繼續用斗栱，但閩東民居的斗栱與之完全不同。北方大式建築的斗栱足材的正心枋，計心造，閩東則是單材通過散斗相疊的正心枋，偷心造。北方斗栱的斗是方形，閩東斗栱的斗多是圓形，上雕刻花瓣紋樣。

5.4 本章小結

　　閩東作為閩越的亞係，所以閩東民居與閩南民居，臺灣民居，粵東民居是處於相同的結構體系之中，以插樑式大木結構為基準的做法。只是節點構造，比例尺寸，裝飾手法不同，顯出地方特色。閩東民居是延續《營造法式》中的大木作技術，與清工部《工程做法則例》和北方民居的大木作完全不同的大木結構，與《營造法原》和江南民居、徽州民居有相似之處。

第 6 章　閩東傳統民居大木作形制和特點

　　根據梧桐村和羅源後張地區的測繪資料、筆者在閩東地區北片城市和鄉間的考察再加上前人調研的資料，本章總結一下閩東傳統民居大木作的形制和特點。

6.1 閩東傳統民居的樑架結構

6.1.1 樑架結構

　　閩東民居的大木構架基本採用插樑式構架。承重樑的樑端插入柱身，樑上承托瓜柱，瓜柱和落地的柱子頂部都承一檁，檁上架椽。瓜柱和落地的柱子頂部之間分別有束木連接。束木的造型簡單有力，上凸下凹。束木上雕刻有流暢的圖形，束尾微微翹起。束木在宋《營造法式》中稱爲劄牽。建築構件在當地有不同的名稱，下面以梧桐村叫法爲例介紹。橫向的樑從下而上稱爲「一行」、「二行」、「三行」（見圖 6－1）。縱向的樑枋從下而上稱爲「一眉」、「二眉」、「三眉」。橫向根據位置不同，柱子也有不同的名稱，簷柱被稱爲「廊柱」，裝門位置的柱被稱爲「門柱」，中柱被稱爲「棟柱」，中柱兩側的柱子被稱爲「充柱」。金柱和中柱之間的金瓜柱，前金瓜柱當地稱作「前棟付」，後金瓜柱當地稱作「後棟付」。在簷柱與金柱之間的瓜柱當地稱作「前廊付」、「後廊付」。斗栱，當地人有時稱其爲「托」、「樑托」。

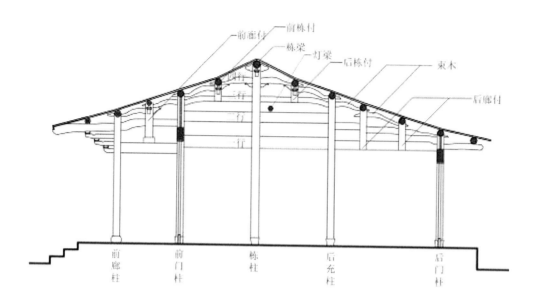

圖6-1閩東民居典型橫剖面1

圖6-1，圖6-2是閩東民居典型的兩種橫剖面。圖6-1中的橫剖面，5根柱子落地，進深稍小。圖6-1中的橫剖面，9根柱子落地，進深稍大。

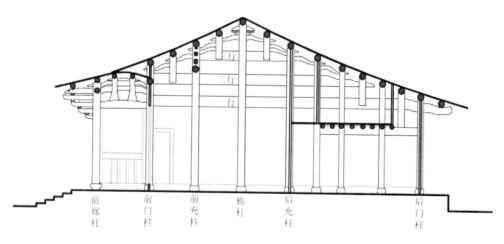

圖6-2閩東民居典型橫剖面2

中國傳統建築的大木結構主要分爲抬樑式和穿斗式。閩東民居的大木構架基本採用介於兩者之間的插樑式構架。既不同於抬樑式在柱頭上承托樑，也不同於穿斗式的檁條頂在柱頭，柱間無承重樑、僅有拉接用的穿枋。插樑

架的歷史淵源可追溯到宋《營造法式》，大木架的廳堂式結構，內柱不同高，大樑不能承於柱頂，而不得不插入柱身，乳栿栱和箚牽的樑尾皆是插承的。孫大章先生在《中國民居研究》中分析了插樑架的優點。「從穩定性角度看，插樑架顯然優於抬樑架，因為它多層次的樑架間插榫，克服橫向位移。有些建築為增強穩定性，在大樑下邊增加另一道或兩道插樑，則使構架更為堅穩。從承載角度看，由於步架小（約 80cm 左右）、用料大，也是可靠的。雖然承重樑的入柱榫頭較樑截面減少了 2／3，降低了端部的抗剪能力，但杉木橫紋抗剪能力極強，故也無大礙。從用料來看，插樑架較穿斗架提高很多，但也為獲得大空間的室內環境，也是必要的。插樑架另一特色與抬樑架、穿斗架不同，即是屋面檁位與各層托樑的端頭位置並不一致。檁位坡度平緩，樑端位連線坡度陡峻，這樣可以使各層樑枋間隔舒緩開來，有利於藝術加工，增強室內結構藝術的創造餘地。」〔註1〕

圖6−3 是福州三坊七巷中的城市宅第的構架，圖 6−4 是鄉村房舍的構架。福安縣是閩東地區北片，福清縣是閩東地區南片。無論是城鄉間、

圖6−3 福州嚴復故居構架（左），福州小黃樓構架（右）

圖6−4 福安縣樓下村某住宅構架（左），福清縣四樂軒構架（右）

〔註 1〕孫大章著，中國民居研究〔M〕，北京：中國建築工業出版社，2004，頁 309。

　　還是南北兩片的木構架基本形制是一樣的。這都是一些最普通民居的正落，即正房。閩東民居因為房間進深較大，故落地的柱子較多。所以基本是一柱一瓜，柱頭有束木連接。檁下有斗栱加強聯繫。在縱向上也是插入柱身的聯繫樑相連，形成構架。其中比較有特點的是在後金柱之間有壽樑相連。壽樑即後金柱之間的縱向聯繫枋，枋下做內簷裝飾。在壽樑和金檁之間，由下而上迭起整排木構，下面是彎枋，上面承托栱，栱的形式是「一斗三升」。這既是功能的需要，以樑枋拉緊左右整排木構架；同時這裡是正對大門的視覺中心，所以又是裝飾重點。

　　除了前面兩種典型的木構架外，大型宅第的廳堂，在明間左右兩縫用抬樑式屋架，就像梧桐村「祠堂里」一層大廳的減柱做法（見圖6－5）。像福州黃巷郭氏民居這樣的城市宅第構架的樑斷面扁方，即扁作直樑；而像福清縣宏琳厝這樣的鄉村房舍斷面圓形，即圓作直樑。

圖6－5 福州黃巷郭氏民居構架（左），福清縣宏琳厝構架（右）

6.1.2 前廊做法

　　閩東地區由於氣候炎熱，所以大多數房子都有前廊。前廊是裝飾的重點。主要有兩種做法：

　　第一種有草架和正架兩個層次（見圖 6－6，圖 6－7）。在前簷柱和前金柱之間，有樑兩道，下面一道直樑，上面一道月樑。樑頭插入前簷柱的柱身。下面樑承托起瓜柱兩根，瓜柱裝飾精美，立於直樑之上，上面承托楹樑，楹樑上承托弧線型的椽子。瓜柱與簷柱、金柱間都有束木連接。這種做法與《營造法原》中介紹的江南做法類似。如果前廊與廳堂之間只有一層構架，則需要設置天溝來排水，不但費工，而且易損壞，也欠美觀。於是在上面設置樑架，鋪屋面，形成完整的兩坡屋面。《營造法原》中對草架的定義：「其構架位於內外屋面之內者稱草架。」〔註2〕

〔註 2〕姚承祖著，劉敦楨校閱，營造法原〔M〕，北京：建築工程出版社，1959，頁35。

　　圖 6-6 是鄉村房舍，常見的圓作直樑，也有扁作直樑。圖 6-7 是城市宅第，常見做法是扁作直樑。

圖 6-6 百丈林府前廊（左），洋柄某民居前廊（右）

圖 6-7 福州歐陽住宅前廊（左），福州黃巷郭氏民居前廊

　　第二種只有一層椽子（見圖 6-8）。在前簷柱和前金柱之間，有樑兩道，下面一道直樑，上面一道月樑。樑插入柱子的柱身，上面的月樑穿過簷柱，承托簷檁，增大挑簷。從簷柱上挑出幾跳的「插拱」，承托上面的樑，增加穩定性。多為扁作直樑的做法，偶有圓作直樑，像梧桐村的竹欄頭的前簷。

圖 6-8 連江縣蘭水村華元路 37 號前廊（左），福州林覺民故居前廊（右）

也有一些特殊的做法，比如福州小黃樓的前廊（見圖6-9），與第一種前
簷相比，弧線型的椽子改爲三彎椽，瓜柱改爲裝飾較煩瑣的斗栱。像江南民
居的前廊。但這是孤例。雖然也有一些像小黃樓的前廊的特殊做法，但閩東
地區大多數前廊均爲前兩種做法。

圖6-9 福州小黃樓的前廊

6.1.3 看架做法

閩東民居中，聯繫左右兩縫樑架的縱向構架，即闌額、內額上的構架，
稱爲「看架」。看架是在門楣、壽樑、枋之上施斗栱及彎枋，形成縱向的穩定
系統。這是由宋代的扶壁栱發展而來的構架形式。一般是彎枋上承托連續的
一斗三升。

有的看架一斗三升做成「連栱」的形式（見圖6-10），有的看架是獨立
的一斗三升（見圖6-11）。

圖6-10

圖 6－11 福州小黃樓看架

　　看架作爲聯繫構件，一斗三升並不承重。在調研中不時能看到一些房子的斗栱被偷走後，房子依然安然無恙（圖 6－12）。因此後期一斗三升的裝飾性越來越強（圖 6－13）。甚至有一些根本已看不出一斗三升（圖 6－14）。

圖 6－12 連江縣蘭水村某民居

圖 6－13 連江縣蘭水村旗杆厝

圖6－14 福州嚴復故居看架

也有一些比較特殊的做法，比如福清縣四樂軒看架（圖6－15右），一斗三升承托直枋，兩層重疊。很像明代早期的陳太尉宮左配殿看架（圖 6－15左）。其也是一斗三升承托直枋，一共三層重疊。在前面介紹的羅源的後張民居中的看架也是類似做法，不同之處在於把直枋改爲彎枋。

圖6－15 明代陳太尉宮左配殿看架（左），福清縣四樂軒看架（右）

6.2 閩東傳統民居的斗栱

閩東民居中大量使用斗栱。斗栱主要用在三個位置，一是爲挑簷深遠，在前簷設置多跳插栱；一是看架多用重疊的斗栱和彎枋；最後一處是室內檁的下方，多使用單栱。

6.2.1 插栱

前簷的插栱沒有櫨斗，都是從簷柱直接伸出，爲多跳華栱偷心造，斗的形式不是方形，而是圓形花瓣造型（圖6－16）。插栱是閩東常見做法。「曾經在 13 世紀隨佛教傳到日本，形成日本建築中的「天竺樣」，典型的作品就是

雄偉的日本奈良東大寺大門。」〔註3〕

圖 6－16 閩東常見插栱樣式 1

有的樑頭伸出柱子，作爲插栱的一跳（圖 6－17）。樑頭出挑的部分做成波浪形，形式舒展優美，很有動感。

圖 6－17 閩東常見插栱樣式 2

〔註3〕李秋香等著，福建民居〔M〕，北京：清華大學出版社，2010，頁274。

也有一些比較簡樸的做法，斗做成方形（圖6－18左）。也能找到一些較古老的斗栱做法（圖6－18右），下面幾跳爲偷心造，最上面一跳爲計心造，像華林寺大殿的插栱做法。

圖6－18福清縣四樂軒的簷部斗栱（左），霍口福湖村某住宅斗栱（右）

6.2.2 連栱

閩東民居中看架中的斗栱多爲一斗三升，一斗三升常常做成「連栱」的形式，相連的橫栱共享一斗，類似於《營造法式》中的「鴛鴦交首栱」。座斗的數量一般都是雙數（見圖6－10）。雲南大理劍川石窟第五窟中所雕刻的殿堂建築（南詔至大理時期），其補間鋪作三朵，補間櫨斗左右兩邊伸出的泥道栱便兩兩相連作鴛鴦交首栱，形成簡潔明快的構圖；四川瀘縣南宋室墓葬的墓壁上也有多處「連栱」的浮雕石刻。〔註4〕

6.2.3 單栱

室內檁的下方，多使用單栱（見圖6－19），加強聯繫。即《營造法式》中的丁頭栱。有時也能看到兩跳的丁頭栱（見圖6－20）。在華林寺大殿中就大量使用丁頭栱承托各樑的尾部。大量使用丁頭栱，而少用雀替——這也是閩東木作保留的古法之一。

〔註4〕四川文物考古研究所等，瀘縣宋墓〔M〕，北京：文物出版社，2004，頁12，14，56，59，84。

圖 6-19 檁的下方的單栱。

圖 6-20

第7章　結　論

　　閩東文化既保存著距今 2200 多年閩越族時期遺留下來的傳統文化，同時也融入漢民族主流文化之中。因為地處偏遠，地理閉塞，自宋以後受北方文化影響較少，所以閩東文化是與中原文化相通，又沒有完全交融的一種地域性文化。

　　閩東居民祖宗多來自中原，閩東文化是中原文化的延續和發展。因此閩東民居在型制上，與中原地區民居有相同之處；同時由於不同的氣候與植被條件、不同的地理與水文因素，閩東民居又有獨特之處。就像「福建的地方戲中保留著一些宋元南戲的劇目，一些早已絕響的古本和古曲還可在福建可以聽到它的遺音。」〔註1〕閩東傳統民居大木作中既保留了一些中原地區現已消失的唐宋做法；結構的發展、傳統的承傳，再加上裝飾的增加──這幾個因素共同作用，逐步形成了閩東民居大木作鮮明的地方特色。

　　本課題通過對閩東民居中典型的古村落──福州市羅源縣梧桐村的建築進行實地測繪；並在這個基礎之上，從歷史文獻梳理、實測數據分析兩方面入手，對閩東民居的大木作做深入地研究。全文分為六章。第 1 章引言，介紹了閩東民居研究的概況和本課題的研究範圍、研究方法以及研究創新點等。第 2 章介紹閩東的歷史與自然地理環境，這是閩東民居形成的條件。第 3 章梧桐村的個案分析是文章的基礎部分。在收集梧桐村的不同時期的 5 個院落的測繪資料和其他幾個院落的圖片資料的基礎之上，對閩東傳統建築的大木作實例進行研究。第 4 章閩東傳統民居大木作發展的歷史研究，研究閩東

〔註 1〕何綿山著，閩文化概論〔M〕，北京：北京大學出版社，1996，頁 3。

民居大木作的歷史沿革、發展脈絡，分析中原文化傳入與建築發展的關係。第 5 章閩東傳統民居大木作的橫向比較，與福州的府第進行比較，研究城鄉建築的異同；與福建其他類型進行比較，研究不同文化間的建築地域差異；甚至把範圍擴大到全國，通過對比發現閩東民居大木作的真實面貌和獨特之處。第 6 章總結閩東傳統民居大木作的形制和特點。

閩東民居基本採用插樑式構架，插樑架的歷史淵源可追溯到宋《營造法式》中大木架的廳堂式結構，內柱不同高，大樑不能承於柱頂，而不得不插入柱身；使用由宋代的扶壁栱發展而來的看架形式；柱頭有由宋代「箚牽」發展而來的束木，增強瓜柱的穩定；樑下多使用丁頭栱，而少用雀替加強聯繫；挑簷使用多跳插栱，多偷心造，少計心造。閩東民居延續《營造法式》中的大木作技術，但是按照自己的獨特方向發展，與清工部《工程做法則例》和北方民居的大木作完全不同。

閩東民居作爲東南系建築之一，保留了唐宋古法，同時又獨具特色。東南民系或早於南北朝，或晚在宋代從中原陸續遷入南方。這一區域的建築如何從唐宋與中原相似的形制發展到明清時獨具特色，現有的研究中對這一發展歷程都語焉不詳。本課題通過大量的實地調研找到一些有利證據，如明代的「後張民居」以及幾座疑似明代民居，並對調研結果的細緻分析，如五代的「陳太尉宮大殿」等，填補了民居發展鏈條中缺失的幾個重要環節。這是對東南系建築研究的有益補充。

本研究的遺留問題是僅僅描述了梧桐村傳統木構在清代的發展狀況，未能如最初所願總結出清代各個時期閩東大木作的特點。歷史學家張蔭麟曾說過：歷史的發展有的是定向的發展（Teleogical Development），有的是演化的發展（Evolutuional Development），有的是矛盾的發展（Dialectical Development）〔註2〕。大木作的發展亦如此。從現在搜集到的有限的資料中，很難完成此項任務。只有找到更多有確切年代的民居，才能將歷史中認識的偶然性減少。這個未盡的部分只能在以後的研究中完成。

〔註 2〕張蔭麟著，中國史綱〔M〕，上海：上海古籍出版社，2004，頁 7。

參考文獻

1. 余英著，中國東南系建築區系類型研究〔M〕（博士學位論文），北京：中國建築工業出版社，2001。

2. 梁思成編，清式營造則例〔M〕，北平：中國營造學社，1934。

3. 黃漢民著，老房子〔M〕，南京：江蘇美術出版社，1996。

4. 李如龍著，福建方言〔M〕，福建：福建人民出版社，1997。

5. 荊其敏、張立安著，中外傳統民居〔M〕，天津：百花文藝出版社，2004。

6. 陳明達著，營造法式大木作制度研究〔M〕，北京：文物出版社，1993。

7. http://www.fjsq.gov.cn／福建省情資料庫——地方志之窗

8. 林蔚文著，福建民俗〔M〕，甘肅：甘肅人民出版社，2003。

9. 《羅源黃氏族譜》2002 年重新編纂。

10. 戴志堅著，福建民居〔M〕，北京：中國建築工業出版社，2009。

11. 孫大章著，中國民居研究〔M〕，北京：中國建築工業出版社，2004。

12. 李乾朗著，臺灣古建築圖解事典〔M〕，臺北：遠流出版公司，2003。

13. 潘谷西主編，中國古代建築史，第四卷〔M〕，北京：中國建築工業出版社，2009。

14. 李秋香等著，福建民居〔M〕，北京：清華大學出版社，2010。

15. 四川文物考古研究所等，瀘縣宋墓〔M〕，北京：文物出版社，2004。

16. 臺灣文獻史料叢刊第七輯 141 福建省例〔M〕，臺北：大通書局，1987.

17. 〔美〕盧公明著，陳澤平譯，中國人的社會生活——一個美國傳教士的晚清福州見聞錄〔M〕，福建：福建人民出版社，2009。

18. 譚剛毅著，兩宋時期的中國民居與居住形態〔M〕（博士學位論文），南京：東南大學出版社，2008.

19. 劉潤生主編，福州市城鄉建設志〔M〕，北京：中國建築工業出版社，1992。

20. 何綿山著，閩文化概論〔M〕，北京：北京大學出版社，1996。

21. 劉敘傑主編，中國古代建築史，第一卷〔M〕，北京：中國建築工業出版社，2009。

22. 張蔭麟著，中國史綱〔M〕，上海：上海古籍出版社，2004。

23. 傅熹年著，中國古代建築十論〔M〕，上海：復旦大學出版社，2004。

24. 董鑒泓等編，中國城市建設發展史〔M〕，臺灣：明文書局，1988。

25. 程民生著，宋代地域文化〔M〕，河南：河南大學出版社，2005，

26. 傅熹年主編，中國古代建築史，第二卷〔M〕，北京：中國建築工業出版社，2001。

27. 黃新強著，江南之寶——千年古建築陳太尉宮初探〔J〕，雲南：大觀週刊，2011（49）。

28. 項隆元著，《營造法式》與江南建築〔M〕，杭州：浙江大學出版社，2009。

29. 劉致平著，王其明、李乾朗增補，中國居住建築簡史〔M〕，臺北：藝術家出版社，2001。

30. 孫大章主編，中國古代建築史，第五卷〔M〕，北京：中國建築工業出版社，2009。

31. 郭黛姮主編，中國古代建築史，第三卷〔M〕，北京：中國建築工業出版社，2009。

32. 羅源地方志編纂委員會編，羅源縣志〔M〕，北京：方志出版社，1998。

33. 鄧曉華著，人類文化語言學〔M〕，福建：廈門大學出版社，1993。

34. 吳松弟著，北方移民與南宋社會變遷〔M〕，臺灣：文津出版社，1993。

35. 曹春平著，閩南傳統建築〔M〕，福建：廈門大學出版社，2006。

36. 陳瑜等著，閩粵民居〔M〕，天津：天津科學技術出版社，1992。

37. 高念華著，胡雪巖故居修復研究〔M〕，北京：文物出版社，2002。

38. 建築歷史研究所著，浙江民居〔M〕，北京：中國建築工業出版社，2007。

39. 業祖潤著，北京民居〔M〕，北京：中國建築工業出版社，2009。

40. 李允鉌著，華夏意匠〔M〕，天津：天津大學出版社，2005。

41. 劉致平著，中國建築類型與結構〔M〕，北京：中國建築工業出版社，2000。

42. 劉敦楨著，中國古代建築史〔M〕，北京：中國建築工業出版社，2000。

43. 劉敦楨著，中國住宅概說〔M〕，北京：中國建築工業出版社，1981。

44. 馬炳堅著，中國古建築木作營造技術〔M〕，北京：科學出版社，1991。

45. 〔明〕午榮編，張慶瀾、羅玉平譯注，魯班經〔M〕，重慶：重慶出版社，2007。

46. 陸元鼎、潘安著，中國傳統民居營造與技術〔M〕，廣州：華南理工大學出版社，2002。

47. 陳嘉映著，價值的理由〔M〕，北京：中信出版社，2012。

48. 梁思成著，營造法式注釋〔M〕，北京：中國建築工業出版社，1983。

49. 姚承祖著，劉敦楨校閱，營造法原〔M〕，北京：建築工程出版社，1959。

圖片來源

圖 1－1 福建民居分區示意圖：戴志堅著‧福建民居〔M〕，北京：中國建築工業出版社，2009。

圖 1－3 閩東地區南北片分區示意圖：同上

圖 3－1 梧桐村位置圖：羅源地方志編纂委員會編‧羅源縣志〔M〕，北京：方志出版社，1998。

圖 3－2 梧桐村總平面圖：www.google.hk

圖 3－46 三黃世家的宗祠的剖面圖、平面圖：《羅源黃氏族譜》，2002 年重新編纂

圖 4－1 福建崇安縣——西漢閩越國東冶城遺址中的甲組建築平面圖：劉敘傑主編‧中國古代建築史，第一卷〔M〕，北京：中國建築工業出版社，2009。

圖 4－2 西漢長安未央宮第四號建築遺址建築平面圖：同上

圖 4－3、4、6、8、9、10 華林寺照片、陳太尉宮照片：www.douban.com/people/45740231/photos（NAZI 的相冊）

圖 4－5 華林寺大殿橫剖面圖：傅熹年主編‧中國古代建築史，第二卷〔M〕，北京：中國建築工業出版社，2001。

圖 4－11 佛光寺大殿橫剖面圖、縱剖面圖：同上

圖 4－12 鎮國寺大殿平面圖、剖面圖：同上

圖 4－13 南禪寺大殿橫剖面圖、縱剖面圖：同上

圖 4－14 河北正定隆興寺天王殿的柱頭科斗栱，山西晉祠聖母殿的柱頭科斗栱：梁思成著‧營造法式注釋〔M〕，北京：中國建築工業出版社，1983。

圖 4－15 山西大同北魏雲崗石窟第 9 窟前廊浮雕：傅熹年主編‧中國古

代建築史，第二卷〔M〕，北京：中國建築工業出版社，2001。

圖 4－16 山西太原天龍山石窟（北朝）：www.douban.com/people/45740231/photos（NAZI 的相冊）

圖 4－17 寧德包適博物館藏宋陶屋：曹春平著．閩南傳統建築〔M〕，福建：廈門大學出版社，2006。

圖 4－29、30、31 孔府與張宅圖紙：潘谷西主編．中國古代建築史，第四卷〔M〕，北京：中國建築工業出版社，2009。

圖 4－32 霍口洋頭里卓氏住宅平面圖：羅源地方志編纂委員會編．羅源縣志〔M〕，北京：方志出版社，1998。

圖 5－1、2 福州宮巷 11 號的沈葆楨故居平面、剖面：戴志堅著．福建民居〔M〕，北京：中國建築工業出版社，2009。

圖 5－9 福建省南安市官橋蔡氏古民居總平面圖：同上

圖 5－11 蔡氏古民居照片：由北京交通大學羅奇老師提供

圖 5－12 周宅圖紙：陳瑜等著．閩粵民居〔M〕，天津：天津科學技術出版社，1992。

圖 5－13 閩南民居的典型木構架：曹春平著．閩南傳統建築〔M〕，福建：廈門大學出版社，2006。

圖 5－14 潮州許駙馬府平面，剖面：潘谷西主編．中國古代建築史，第四卷〔M〕，北京：中國建築工業出版社，2009。

圖 5－15《營造法式》斜樑與華林寺下昂比較：郭黛姮主編．中國古代建築史，第三卷〔M〕，北京：中國建築工業出版社，2009。

圖 5－16 彩衣堂橫剖面圖，江蘇常州保和堂明間橫剖面圖：潘谷西主編．中國古代建築史，第四卷〔M〕，北京：中國建築工業出版社，2009。

圖 5－17、18 胡雪巖故居剖面：高念華著．胡雪巖故居修復研究〔M〕，北京：文物出版社，2002。

圖 5－19 江南民居的出簷形式：建築歷史研究所著．浙江民居〔M〕，北京：中國建築工業出版社，2007。

圖 5－20 徽州民居剖面：潘谷西主編．中國古代建築史，第四卷〔M〕，北京：中國建築工業出版社，2009。

圖 5－21 陝西扶風鳳雛村的四合院遺址復原圖：業祖潤著．北京民居〔M〕，北京：中國建築工業出版社，2009。

圖 5－22 北京四合院平面圖，鳥瞰圖：同上

圖 5－23 七檁硬山剖面，懸山建築山面及剖面：馬炳堅著．中國古建築木作營造技術〔M〕，北京：科學出版社，1991。

圖 6－3 左圖福安縣樓下村某住宅構架照片：李秋香等著．福建民居〔M〕，北京：清華大學出版社，2010。

其餘圖紙和照片，均為自己繪製和拍攝

致　謝

　　首先感謝我的導師——中央美術學院的張寶瑋教授！論文從選題到調研、撰寫都得到了張寶瑋先生的悉心指導。張先生博大精深的學識和對學生深沉的關愛，幫助我克服了論文寫作中的種種困難。

　　感謝中國建築技術研究院的孫大章先生和北京交通大學的羅奇老師的無私幫助。他們在古建和民居研究方面多年的積累，幫助我開啓了民居研究的這一扇大門。感謝北京市古代建築設計研究所的胥蜀輝先生對論文給予的寶貴意見。

　　感謝北京理工大學，這是我工作的地方。學校提供的基礎研究基金讓我的研究得以進行。感謝環境藝術專業 25700902 班的全體學生，他們在畢業考察的第一站幫助我測繪了羅源後張民居。特別感謝 25700702 班的劉如冰、方巧芳同學和 25700902 班的王朝鵬、李函儒同學。他們在 2011 年暑假的酷暑中放棄了休息，幫助我測繪梧桐村的古民居。

　　特別感謝福建的親戚朋友，只有在他們全力支持、無私幫助之下，我才能在如此微薄的經費支持之下完成對梧桐村和羅源後張民居的測繪。感謝我的表姐，特意從福州回到梧桐，爲我們在梧桐村提供了住處。感謝我的三叔三嬸和小叔小嬸，他們放下工作和休息，爲測繪做後勤工作，讓我們在偏僻鄉間的生活每日都如同過節一般。感謝福建省羅源縣職業中學，在 2012 年測繪「後張民居」時爲 30 名學生提供了住宿。感謝林永烽先生，爲我在羅源的深山中考察民居提供車的幫助。感謝黃克銀先生，幫助我搜集了很多民居資料。還有很多朋友在福建調研期間給我了熱情幫助，無法一一列舉。在此一併表示由衷的謝意！

最後要感謝我的家人在我讀書和論文寫作期間給予我的關愛和支持，這份親情是我人生的最大財富。2013 年論文寫作完成時，兒子即將從幼兒園畢業；2019 年書要出版時，女兒也將從幼兒園畢業。他們那對一切都充滿好奇的黑眼睛是我不斷前行的動力！

附　錄

　　從 2010 年開始研究閩東民居，我三赴福建，搜集了大量的資料，走訪了幾十個院落，拍攝了上萬張照片。文章正文部分中只插入很小一部分與論述相關的照片。短短幾年間，有些古民居已在鄉村的振興中被拆毀，有些古民居在建設歷史文化街區時被改造。只有這些資料照片，記錄下它們曾經的面貌。遺憾沒有加緊腳步，多走訪一些地方。現有的這批資料雖然沒有詳細的測繪尺寸，但也能反映閩東傳統民居大木作的具體面貌，也有其出版的價值。現從中挑選了一部分資料照片彙集於此，作爲附錄，供大家研究參考。

　　收錄其中的民居大致可以分爲兩類。

　　一類是較有名的宅院。有的是位於福州市老城區「三坊七巷」的院落；有的是四樂軒、宏林厝這樣規模較大的宅院。雖然這類房子公開發表的資料照片較多，但多反映外部建築面貌和一些精美的裝飾構件，而展現建築內部大木作結構的圖片很少。這部分案例加入了官方給的相關資料，比如建造年代、建築面積等。

　　另一類是位於大山深處的院落和建築，由於時間關係，未能搜集詳盡的背景資料，僅提供了地理位置。

1、四樂軒

　　四樂軒始建於清代乾隆十九年（1754 年），位於閩清縣阪東鎮，是一座占地面積二萬四千五百多平方米，建築面積一萬九千三百多平方米的大型木結構民居建築群落，全厝分爲四進，共有大小廳堂 42 個，住房 793 間。因其規模宏偉，曾有童謠唱：「四樂厝，四樂厝，鳥兒飛不過。」後厝內讀書人爲文雅起見，改稱爲「四樂軒」。

2、宏琳厝

　　宏琳厝俗稱新壺里，是位於福建省福州市閩清縣阪東鎮新壺村的古民居。宏琳厝由藥材商人黃祖嘉（1755～1815，字作賓，號寅軒）始建於清乾隆六十年（1795 年），並由其子宏琳建成於 1823 年，前後歷時 28 年。占地面積 17832.28 平方米。宏琳厝縱向中軸三進正房，再加上橫厝、外橫厝。

3、謝家祠

謝家祠位於福州三坊七巷之吉庇巷，始建於明代，係龍岩適中（今爲龍岩市新羅區適中鎮）謝姓人氏在福州購地所建，除了供奉先賢與祖先外，主要用於家族子弟讀書住宿。

謝家祠建築原有四進，現存三進。吉庇路 60 號爲其前門，原爲石框大板門，兩側有改建；後門可通宮巷，青石門框上飾有兩枚圓弧多邊形門簪，平面雕刻花瓣樣紋路，頗見精美。進入大門是三面迴廊的天井，穿過天井即廳堂。廳面闊三間、進深七柱，左右廂房。前、後廳以一張隔扇分隔。第二進與第一進結構基本相似，只是東西兩側還建有披榭。第三進爲倒座三間排，東側有通道入第四進花廳。現爲民間藏品展示館。

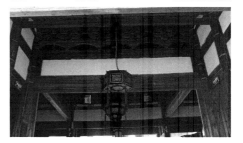

4、林氏民居

　　位於福州市鼓樓區宮巷，始建於明代，清順治元年（1645年），唐王朱聿
鍵在福州稱帝，以此屋爲大理寺衙門。道光間，此屋爲林則徐次子林聰彝所
居。總占地面積爲2950平方米。主座第一進南面照牆上，畫有一隻獬，是明
代大理寺公堂的標誌。該建築左右三座、主座前後四進。原有佈局基本保留
完整。2006年公佈爲第六批國家重點文物保護單位。

5、劉齊賢故居

　　劉齊賢故居位於福州市老城區「三坊七巷」之宮巷。建於清代，四座毗鄰，總建築面積 4141 平方米，坐北朝南。劉齊賢（1816～1877 年）林則徐的長女婿，清道光二十一年（1841 年）進士。

6、劉家大院

　　劉家大院位於福州市老城區「三坊七巷」之宮巷。現存的建築是清道光、咸豐年間劉齊衢、齊銜兄弟大規模改建後的清式構築。大院坐北朝南,由自東向西相連的四座清式建築組成。院內構造基本上遵循當時的典型格局:兩道石框門後,是石埕鋪地、三面環廊的首進天井。經天井入前廳,廳堂闊五間,減柱造木構架,兩邊正房。建築面積 4500 平方米,幾乎光祿坊半條街。西落及花園已經毀滅,東落也被改建。只有中間兩落得以修復。修復後的劉家大院定為全國重點文物保護單位。

7、水榭戲臺

　　創建於明萬曆間（1573～1620年），原是鄭姓住宅，清道光年間，爲孫翼謀家族所有。建築三座毗連，主座前後三進，總面積2377平方米。花廳中有建在水池上的觀臺。2006年公佈爲第六批全國重點文物保護單位。

8、歐陽氏民居

歐陽氏民居位於福州老城區「三坊七巷」衣錦坊 29～31 號，始建於清康熙年間，乾隆十六年（1750 年）重修。居住者原爲閩清鹽商，後由歐陽氏購入。建築面積 2350 平方米。建築由主座、花廳組成，花廳巧奪天工，尤爲著名。主座兩進，花廳建築面積 400 平方米，由前後花廳、覆龜亭、書房組成。2006 年公佈爲全國重點文物保護單位。

9、小黃樓

　　黃樓位於福州老城區「三坊七巷」的黃巷中，整個宅院規模宏大，分三路院落。小黃樓相傳爲唐黃璞故居舊址。黃璞字德溫，一字紹山。唐昭宗大順二年（西元 891 年）進士，避黨爭辭官歸隱，潛心著述，著有《霧居子》、《閩川名士傳》等。現存建築爲清代江蘇巡撫、署理兩江總督、楹聯大師梁章鉅所建。另外琉球冊封使趙新、鼇峰書院山長陳壽祺等曾居此。中路正座尙存一進廳堂與門房。正堂面闊五間，進深六間約十六架樑，前天井遊廊環繞。西側花廳自成院落，主體建築爲雙層小樓。

10、郭氏民居

　　郭氏民居位於福州老城區「三坊七巷」。始建於明末，原係衙署，清同治年間郭柏蔭購置重修。主座三進，建築面積 2130 平方米。2005 年公佈爲福建省第六批文物保護單位。

11、王麟故居

　　王麟故居位於福州老城區「三坊七巷」。始建於清初。兩座毗鄰，占地面積 2225 平方米。王麟是民國初新編陸軍第十一混成旅旅長。該建築精緻雕工，圖案精美。1991 年成為福州市人民政府掛牌保護單位。

12、嚴復故居

　　嚴復故居位於福州老城區「三坊七巷」郎官巷西段，坐北向南，主座與花廳兩座相鄰，總占地面積 625 平方米。1992 年市政府掛牌保護，並公佈爲區級文物保護單位。2006 年作爲「三坊七巷和朱紫坊建築群」的一部分，公佈爲第六批全國重點文物保護單位。

13、冰心故居

　　冰心故居位於福州老城區「三坊七巷」。建於清代，原爲林覺民父輩七戶人家聚居處。宣統三年（辛亥年，1911 年）4 月，林覺民參加黃花崗起義，殉難於廣州。後將此房屋售讓予長樂謝鑾恩。謝鑾恩孫女謝婉瑩（即冰心）幼年居此。1983 年，福州市人民政府公佈林覺民故居爲市級文物保護單位。2006 年作爲「三坊七巷和朱紫坊建築群」的一部分，公佈爲第六批全國重點文物保護單位。

14、阜陽江氏故居

江氏民居位於福州市閩侯縣白沙鎮，建於乾隆元年（1736年），歷時59年，總建築面積10518平方米。建築坐北朝南，縱向5座，加上旁邊兩座共7座。該厝前3幢是永奮所建，面闊5間，進深7楹出遊廊。最後一座規模最大，堂寬9米、進深20餘米，高10多米，廳前3根主樑長達10米、直徑80釐米。

15、福湖村佘族民居

　　福湖村位於福建省福州市羅源縣霍口佘族鄉東南部，距縣城 32 公里。全村 187 戶 651 人，其中藍、雷兩姓佘族人口占總人口的 94%。村民使用佘語與漢語兩種語言。2006 年列入福州市首批佘族民間文化之鄉。宋代，佘族自廣東遷居此地，各種佘族古文化活動至今從未間斷，是典型的佘族村莊。

福湖村 1 號民居

福湖村 2 號民居

福湖村 3 號民居

福湖村 4 號民居

福湖村 5 號民居

福湖村 6 號民居

16、鑒江鎮民居

鑒江鎮位於福建省福州市羅源縣東部沿海，福建東北天然深水良港三都澳口。地理坐標：東經 119°23′，北緯 26°23′。東面與霞浦縣隔海相望，西與碧里、松山相鄰，南與福建省另一個天然深水良港羅源灣口毗連，北接三都澳，與黃瓜魚主要產地官井洋相連。三面環山一面抱海，俗稱「山溝溝的海邊邊」。鑒江，是歷史悠久的海濱古鎮。原名鏡峰、鏡港。鑒江是羅源縣東部沿海歷史名鎮。鑒江原屬連江縣，早在宋元豐四年（公元 1081 年）就開始劃歸羅源縣治域管轄。明洪武年間（1368～1398 年）爲抗禦倭寇侵擾，明朝政府及村人在此修建鑒江古城，建設海防邊關，爲羅源縣東部海防重鎮。鑒江古鎮，還保留部分城牆和城門，以及部分古民居。

鑒江鎮 1 號民居

鑒江鎮 2 號民居

鑒江鎮 3 號民居

17、洋柄村

　　洋柄村位於羅源縣飛竹鎮東部，距城關 24 公里。全村共 180 戶，總人口數 747 人（外出人口 350 人），主要以李姓爲主。

洋柄村 1 號民居

洋柄村 2 號民居

洋柄村 3 號民居

18、中房滿盾村

滿盾村，位於福建省福州市羅源縣中房鎮東南面，全村人口 2530 人。主要以卓姓爲主。滿盾村始祖公六子洛復於後唐長興元年間遷至滿盾，定居滿盾繁衍，至今已有 1000 多年。傳說古時村居西面有「水漲灣」之奇觀，一到夜晚兩山合攏水漲到村裡，至天亮時兩山又分開，漲水消退，水漲水落因此而得名「滿盾」（與本地方言諧音）。

滿盾村位於羅甯古道的的後半段，長近 10 公里。羅甯古道起於羅源縣，終於寧德市，是閩浙古道福州到溫州古官道的一段。其建於唐天寶年間，繁榮於宋代，人行馬走，承載著歷史，也承載著古時學子的希望之路。

橋亭

滿盾村 1 號民居（水缸宅）

滿盾村 2 號民居

其他民居

19、西蘭村民居

西蘭村位於福建省福州市羅源縣西蘭鄉東部，海拔 389 米，距西蘭鄉政府駐地 1.5 公里。因在壽橋溪之南，古稱溪南，後雷姓佘民居村東、藍氏佘族居村西，故稱西蘭。該村，宋至清代皆屬梅溪里；民國時期先屬羅源縣第三區西南保，後屬風（阪）壽（橋）鄉西南保。西蘭自然村歷史悠久。祖厝上坑內存有兩幅祖先彩畫圖像，一男一女，穿戴佘民傳統古裝。西蘭是佘、漢雜居村，全村 132 戶、591 人，其中佘族 51 戶、222 人，佘族占全村總人口 37%。

楊家祠堂

楊家祖屋

楊家民居

20、連江縣蘭水村民居

　　連江縣歷史悠久，古稱溫麻。西晉太康三年（282 年）設溫麻縣，是福建最早的 8 個縣份之一。隋大業三年（607 年）一度併入閩縣，唐武德六年（623年）重置溫麻縣，當年改名連江縣並沿用至今。歷史上均隸屬福州府。蘭水村位於連江縣山區，蓼沿鄉北部，距鄉政府 11 公里，與羅源縣西蘭鄉接壤。全村共 318 戶，1276 人，是縣定老區基點村之一。本村轄有 2 個自然村（少數民族自然村 1 個、42 戶、200 人），11 個村民小組。蘭水村是鄭姓、黃姓和王姓的雜居村。

華園路 7 號民居

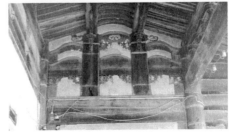

華園路 28 號民居

華園路 29 號民居

華園路 37 號民居

華園路 42 號民居

王家祠堂